Abraham redécouvert

Patrick Mégarbané

Abraham redécouvert

*Une histoire sans superstition,
sexisme, ni sionisme*

Édition : BoD · Books on Demand, 31 avenue Saint-Rémy,
57600 Forbach, bod@bod.fr
Impression : Libri Plureos GmbH, Friedensallee 273,
22763 Hamburg (Allemagne)

ISBN : 978-2-3225-7341-7
Dépôt légal : Février 2025

Introduction

Tout le monde connaît, dans ses grandes lignes, l'histoire de l'exil d'Abraham et la naissance de ses deux fils. Tout commence par l'appel de Dieu à Abraham, lui promettant une descendance innombrable et une terre pour ses héritiers. Obéissant à cet appel, Abraham quitte sa patrie, la terre de ses ancêtres, pour se rendre en Canaan. Cependant, les années passent, et la promesse divine semble s'éloigner : Sarah, son épouse, demeure stérile, incapable de lui donner l'enfant tant attendu. Désespérée et souhaitant accomplir ce qu'elle croit être la volonté divine, Sarah incite Abraham à concevoir un enfant avec Hagar, leur servante égyptienne. De cette union naît Ismaël, le premier fils d'Abraham. Les années passent encore, et Dieu s'adresse de nouveau à Abraham. Réaffirmant sa promesse, il annonce que Sarah, malgré son âge avancé et sa stérilité, enfantera un fils. Contre toute attente, le miracle se produit : Sarah donne naissance à Isaac, l'enfant de la bénédiction et de l'alliance. Quant à Ismaël, lui aussi béni par Dieu, il suit une destinée différente, mais tout aussi significative dans la tradition religieuse.

Le judaïsme reconnaît en Abraham son fondateur et précurseur. « Regardez, s'écrie le prophète Isaïe, le roc dans lequel vous avez été taillés, la carrière d'où vous avez été tirés. Regardez Abraham votre père, et Sarah qui vous a enfantés » (Is 51,1-2). Les Hébreux, se considérant fils d'une femme libre et non d'une servante, font d'Isaac le premier maillon de l'alliance avec Dieu et le choisissent comme ancêtre.

L'Islam vénère également Abraham, que le Coran célèbre comme « le premier des Musulmans » (39 :12). Toutefois, il revendique son affiliation à Ismaël, le fils aîné du patriarche, soutenant que le privilège de la promesse lui revient légitimement en vertu du droit d'aînesse reconnu par les sociétés patriarcales de l'Ancien Testament. Pour les Musulmans, c'est Ismaël – et non Isaac, comme le rapporte la Genèse – qui a été offert en sacrifice au Seigneur, et c'est avec lui qu'Abraham établit les fondations de la Maison de Dieu.

Les Chrétiens voient en Abraham le père spirituel de tous ceux qui ont foi en Jésus-Christ. Saint Paul affirme que « si vous êtes à Christ, vous êtes donc la postérité d'Abraham, héritiers selon la promesse » (Ga 3,29). Pour les Chrétiens, la ligature d'Isaac préfigure la crucifixion de Jésus ; elle illustre que le sacrifice librement consenti possède une puissance rédemptrice, et que Dieu rend la vie aux morts (He 11,17-19).

Ainsi, Abraham est devenu l'ancêtre des Israélites, le premier des Musulmans, le modèle des Chrétiens. Sa figure, estime Jean Daniélou, revêt « une importance extraordinaire dans l'histoire de l'humanité ». Elle marque « la première intervention de Dieu pour établir un lien particulier entre l'humanité et lui. C'est Dieu choisissant, élisant par grâce un peuple et d'abord un homme, Abraham, de manière à entrer avec lui dans des relations plus intimes et familières. C'est le fondement même de la foi » (1948 : 43).

Au-delà du récit des Écritures et des élaborations religieuses qui leur ont donné vie, l'histoire d'Abraham a inspiré une vaste collection de productions et d'interprétations dans l'iconographie, la littérature, la philosophie et la psychanalyse. Elle a été liée à un ensemble complexe de questions fondamentales, telles que la problématique de la foi, la différence des générations, le rapport entre les sexes, la division de l'héritage, le problème de la terre et du partage, le thème de l'errance et de l'exil, la dimension de la promesse, ou la question du sacrifice. L'histoire d'Abraham s'est trouvée mêlée à des enjeux décisifs de civilisation, contribuant à façonner les mentalités générales, tant chez les croyants que chez les non-croyants. Bien qu'elle puisse sembler éloignée de notre époque et de nos préoccupations actuelles, elle conserve une importance capitale en raison de l'influence profonde qu'elle a exercée – et qu'elle continue d'exercer – sur la pensée et la foi.

Les objections à l'encontre d'Abraham

Pourtant, un côté obscur demeure attaché à cette médaille. La figure d'Abraham, telle qu'elle a été forgée à partir du récit de la Genèse, est marquée par la superstition, le sexisme et l'exclusivisme. Cette figure, qui hante les profondeurs de notre conscience collective et influence encore nos comportements et nos modes de pensée, entre en contradiction avec des valeurs essentielles à la construction d'un monde solidaire et durable, telles que la rationalité, l'égalité des sexes et l'ouverture à l'altérité. À l'heure où notre civilisation fait face à des défis écologiques et sociaux sans précédent, la figure tutélaire d'Abraham et les orientations qu'elle propose semblent constituer davantage un frein qu'un atout.

D'abord, il y a la foi irrationnelle d'Abraham. Un homme qui croit aveuglément, et contre toute espérance humaine, à l'avènement miraculeux d'un avenir florissant, doit-il être érigé en modèle de vie et de croyance dans notre monde, aujourd'hui confronté à des menaces extrêmes ? Si l'on accepte l'idée que Dieu a offert à Abraham un fils en son grand âge, en faisant fleurir le sein stérile de sa femme, pourquoi ne croirions-nous pas que des solutions miracles, qu'elles viennent de Dieu, de la technique ou du progrès économique, pourraient demain mettre fin à la catastrophe en cours, et rendre à nouveau fertile notre terre devenue aride et dévastée ? La foi d'Abraham, son obéissance aveugle et sa conception quasi-magique de la grâce, du pardon et de la résurrection de Dieu, si elles devaient réellement être prises pour modèle, seraient fatales à la responsabilité éclairée et décisive que l'homme contemporain doit assumer, sous peine d'un sombre et irréversible désastre.

Ensuite, il y a la misogynie du patriarche, son mépris pour les femmes, et pour la sienne en particulier. Abraham ne remet jamais en cause le joug patriarcal de la société de ses ancêtres qu'il prétend avoir quittée. Au contraire, il perpétue des préjugés hostiles aux femmes et adopte des comportements sexistes déplorables à leur égard. À ses yeux, la femme ne semble être guère plus qu'un instrument de procréation, ou un objet de marchandage et de transactions. Peut-on encore se reconnaître dans un tel homme, alors que les femmes luttent toujours pour faire reconnaître leur dignité, et que nous savons – notamment grâce aux écoféministes – que la domination des femmes et celle de la nature sont des réalités jumelles et enchevêtrées, au creuset desquelles se joue la crise civilisationnelle dévastatrice dans laquelle notre monde est plongé ?

Enfin, il y a la conception abrahamique de l'alliance. Si les trois monothéismes se reconnaissent et se rejoignent dans la figure d'Abraham et dans l'alliance qu'il a instaurée, « ces trois monothéismes se combattent également, inutile de le nier dans l'œcuménisme béat, ils se font la guerre à feu et à sang depuis toujours et plus que jamais aujourd'hui » (Derrida, 1999 : 100). Cette hostilité ne résulte pas seulement de la manière dont chaque religion interprète et s'approprie le parcours du patriarche. Elle prend racine dans la compréhension exclusiviste de l'alliance que les trois monothéismes tirent du récit de la Genèse. L'histoire d'Abraham a ainsi alimenté les extrémismes de divers horizons. Le sionisme en est un exemple particulièrement marqué : il puise dans l'épopée d'Abraham la justification ultime de son exclusivisme religieux et de l'expulsion des Palestiniens de leurs terres, qu'il considère comme lui revenant par droit divin.

Ces aspects négatifs sont si étroitement liés à la figure d'Abraham, et à la conception de la foi qu'il incarne, qu'ils ne parviennent pas à être neutralisés ou contredits par les efforts des commentateurs et des exégètes. Aucun courant de pensée théologique contemporain – qu'il soit féministe, anticolonial, écologique, rationaliste, ou adhérent à la théologie de la libération – n'a réussi à lever, de manière satisfaisante, les objections fondamentales que nous venons d'évoquer. Ces objections contredisent la prétention selon laquelle Abraham est le père de la multitude en qui l'humanité entière serait bénie. Elles renforcent les critiques émanant des traditions sceptiques et athées, et suggèrent qu'il existerait un lien souterrain et refoulé entre la crise de notre civilisation et la religion d'Abraham.

L'objet du présent ouvrage

Cet ouvrage entend démontrer que les aspects négatifs associés à la figure d'Abraham peuvent être dépassés par une lecture plus exigeante du livre de la Genèse. En approfondissant notre compréhension du cycle abrahamique, nous parviendrons à ouvrir des perspectives de renouveau qui résonnent avec les exigences de notre époque et la construction d'un avenir plus prometteur.

L'approche adoptée reposera essentiellement sur l'analyse textuelle et narrative : elle consistera en un examen attentif du récit biblique, exigeant à la fois un respect scrupuleux de la littéralité du texte et une rigueur intransigeante dans l'examen critique.

Notre étude ne passera pas sous silence les aspects problématiques du récit biblique : notamment, les comportements moralement répréhensibles du patriarche et de son épouse, leur manque de courage, leurs actions injustes, et leurs erreurs manifestes. Ces éléments sont rarement discutés par les exégètes et les théologiens, bien qu'ils mettent en cause la vision du monde et du divin que l'on prête au texte biblique.

Le récit de la Genèse présente, en outre, des ruptures, des incohérences et des répétitions inattendues, qui demeurent sans explication pleinement satisfaisante. Loin de négliger ces aspects problématiques, notre étude les placera au cœur de son analyse. En prolongeant les avancées récentes de la recherche, nous mettrons en lumière les caractéristiques propres du texte biblique : ses constructions narratives, ses subtilités stylistiques, ses discontinuités, ses répétitions intentionnelles et ses silences délibérés. Le texte de la Genèse dévoilera ainsi une richesse et une complexité souvent ignorées, offrant une perspective renouvelée sur la figure d'Abraham, et sur la vision du monde et du divin qu'il incarne

Au terme de ce travail, Abraham n'apparaîtra plus comme superstitieux, misogyne et sectaire, mais tel que le texte de la Genèse prétend qu'il est, et tel que tous les croyants sincères souhaitent qu'il soit : le père hospitalier de la multitude, le modèle d'une foi authentique et puissante, le premier serviteur d'une alliance qui embrasse l'altérité et libère à la fois la femme et l'être servile. L'histoire d'Abraham ne sera alors plus perçue comme un vestige archaïque pesant sur notre avenir, mais comme une source d'inspiration positive et un levier puissant de transformation des mentalités.

L'interprétation présentée dans ces pages bouleversera certaines idées reçues et des convictions profondément enracinées. Elle invite à reconnaître que la complexité du texte de la Genèse nous échappe aujourd'hui, comme si la prolifération des développements littéraires, artistiques et théologiques sur Abraham, au fil des siècles, avait fini par voiler la signification profonde du récit, perpétuant ainsi certains malentendus. Toutefois, nous ne chercherons pas à spéculer sur l'histoire du texte et ses appropriations, laissant cela aux spécialistes de l'archéologie des écritures. Nous nous attacherons plutôt au texte canonique, en nous concentrant sur la problématique de son interprétation. Notre objectif est de mettre en lumière certaines dimensions de signification actuellement occultées du texte, grâce à une réévaluation critique et attentive, en montrant à la fois les dangers des lectures actuelles, et les avantages de celle que nous proposons.

Ce travail se concentre sur les événements entourant la naissance des enfants d'Abraham, ainsi que sur ses relations avec son épouse et ses concubines. Le cycle de Lot, bien que lié de près à celui d'Abraham, sera délibérément écarté. De même, l'épisode central du sacrifice d'Isaac, les récits de guerre jalonnant le parcours du patriarche, et toute la problématique de la violence et des conflits fratricides, seront également laissés de côté. En resserrant ainsi notre champ d'étude, nous visons à éviter une exégèse trop vaste, pour nous concentrer sur quelques questions essentielles répondant à notre objectif : révéler le personnage d'Abraham sous une lumière autre que celle de l'irrationalisme, du sexisme et de l'exclusivisme. Bien entendu, les passages bibliques laissés de côté, et les problématiques non abordées, demeurent d'une grande importance et mériteraient d'être explorés dans des études spécifiques.

Notre analyse portera donc principalement sur les chapitres 12, 16 à 18, 20 et 21 de la Genèse. La première partie propose une traduction des six chapitres étudiés et présente la manière dont ils sont communément lus et compris aujourd'hui. La deuxième partie évoquera la diversité des interprétations existantes, en présentant, à titre d'illustration, les principales significations attribuées au rire de Sarah lorsqu'elle apprend qu'elle va enfanter. La troisième partie discutera des dangers inhérents aux lectures actuelles, en approfondissant les points évoqués dans l'introduction. La partie suivante explicitera l'approche que nous adopterons pour renouveler notre compréhension du texte génésiaque, ainsi que les raisons justifiant cette méthode. Ces quatre premières sections forment les étapes préparatoires à la relecture proposée, laquelle sera exposée en détail dans la cinquième partie de l'ouvrage. Cette cinquième partie constitue le cœur de notre travail et occupe près de la moitié de l'étude. Enfin, notre parcours s'achèvera par une dernière section où seront présentées les conséquences théologiques de l'approfondissement narratif effectué.

- I -

La lecture convenue
de l'histoire d'Abraham

Pour commencer, il est essentiel de présenter les chapitres de la Genèse que nous analyserons en détail par la suite. Ces chapitres relatent successivement : le départ d'Abram de la maison paternelle et son séjour en Égypte (ch. 12), la naissance tumultueuse d'Ismaël (ch. 16), l'établissement du pacte de l'alliance (ch. 17), l'annonce de la venue d'Isaac (ch. 18), le voyage au pays d'Abimélek (ch. 20), ainsi que l'arrivée miraculeuse d'Isaac et le renvoi d'Ismaël et d'Hagar (ch. 21).

Pour chacun de ces chapitres, nous présentons tout d'abord le texte dans la traduction de l'AELF (Association Épiscopale Liturgique pour les pays Francophones), reconnue pour sa clarté et la cohérence de sa terminologie. Toutefois, nous avons ponctuellement adapté cette traduction en y intégrant certains éléments de celle d'André Chouraqui, prisée pour sa fidélité au texte hébreu et la richesse de ses nuances linguistiques.

Pour chaque chapitre, nous offrons également un résumé des événements relatés, tels qu'ils sont communément compris aujourd'hui. Cette reconstitution narrative, que l'on pourrait qualifier de « lecture convenue », constitue en elle-même une forme d'interprétation : elle est marquée par des idées préconçues et des biais interprétatifs souvent inconscients. La suite de notre travail démontrera que cette façon commune de comprendre l'histoire d'Abraham est foncièrement insuffisante au regard de la véritable richesse et profondeur du texte.

Enfin, pour les chapitres 13, 14, 15 et 19, qui se situent en dehors de notre champ d'étude, nous nous contenterons de présenter la lecture convenue du texte, sans proposer de traduction.

Chapitre 12

Le texte biblique

12.1- Yahvé[1] dit à Abram : « « Va pour toi, de ta terre, de ton enfantement, de la maison de ton père, vers la terre que je[2] te ferai voir. 2- Je ferai de toi une grande nation, je te bénirai, je rendrai grand ton nom, et tu deviendras une bénédiction. 3- Je bénirai ceux qui te béniront ; celui qui te maudira, je le réprouverai. En toi seront bénies toutes les familles de la terre. » 4- Abram s'en alla, comme Yahvé le lui avait dit, et Lot s'en alla avec lui. Abram avait soixante-quinze ans lorsqu'il sortit de Ḥaran. 5- Il prit sa femme Saraï, son neveu Lot, tous les biens qu'ils avaient acquis, et les personnes dont ils s'étaient entourés à Ḥaran ; ils se mirent en route pour Canaan et ils arrivèrent dans ce pays. 6- Abram traversa le pays jusqu'au lieu nommé Sichem, au chêne de Moré. Les

---

[1] Nous traduisons « IHVH-Adonaï » par « Yahvé », « Elohîms » par « Dieu », et « l'Elohîms » par « le Dieu ». Mais lorsque le terme est effectivement employé comme un pluriel, nous traduisons « Elohîms » par « les dieux ».

[2] Dans le cadre de notre étude critique, et à l'encontre des conventions habituellement observées dans les textes religieux, nous n'emploierons pas de majuscule pour les pronoms et qualificatifs se rapportant à Dieu.

Cananéens étaient alors dans le pays. 7- Yahvé apparut à Abram et dit : « À ta descendance je donnerai ce pays. » Et là, Abram bâtit un autel à Yahvé qui lui était apparu. 8- De là, il se rendit dans la montagne, à l'est de Béthel, et il planta sa tente, ayant Béthel à l'ouest, et Aï à l'est. Là, il bâtit un autel à Yahvé et il invoqua le nom de Yahvé. 9- Puis, de campement en campement, Abram s'en alla vers le Néguev. 10- Il y eut une famine dans le pays et Abram descendit en Égypte pour y séjourner car la famine accablait son pays. 11- Quand il fut sur le point d'entrer en Égypte, il dit à Saraï, sa femme : « Voici, je te prie[3], je sais que tu es une femme belle à regarder. 12- Quand les Égyptiens te verront, ils diront : "C'est sa femme" et ils me tueront, tandis que toi, ils te laisseront vivre. 13- S'il te plaît, dis que tu es ma sœur ; alors, à cause de toi ils me traiteront bien et, grâce à toi, je resterai en vie. » 14- En effet, quand Abram arriva en Égypte, les Égyptiens virent la femme et la trouvèrent très belle. 15- Les officiers de Pharaon la virent, chantèrent ses louanges à Pharaon et elle fut emmenée au palais. 16- À cause d'elle, on traita bien Abram qui reçut petit et gros bétail, ânes, esclaves et servantes, ânesses et chameaux. 17- Mais Yahvé frappa de grandes plaies Pharaon et sa maison à cause de Saraï, la femme d'Abram. 18- Pharaon convoqua Abram et lui dit : « Que m'as-tu fait là ! Pourquoi ne m'as-tu pas fait savoir qu'elle était ta femme ? 19- Pourquoi as-tu dit : "C'est ma sœur" ? Aussi je l'ai prise à moi pour femme. Maintenant, voici ta femme, prends-la et va-t'en ! » 20- Pharaon donna ordre à ses gens de le renvoyer, lui, sa femme et tout ce qu'il possédait.

---

[3] Nous traduisons l'expression *hinnéh-nâ'* par « Voici, je te prie », comme le font André Wénin (2016 : 35) ou Marie Balmary (1995), plutôt que par « Voici-donc » comme le fait l'AELF.

La lecture convenue du texte

Le Seigneur appelle Abram (qui prendra plus tard le nom d'Abraham) à quitter son pays natal, sa lignée et la maison de son père pour se rendre dans une terre qu'il lui dévoilera. Il promet de faire de lui une grande nation et une source de bénédictions pour tous les peuples. Il proclame que ceux qui le béniront seront bénis en retour, tandis que ceux qui le maudiront seront eux-mêmes maudits.

En réponse à l'appel divin, Abram quitte Ḥaran à l'âge de soixante-quinze ans, accompagné de sa femme Saraï (qui deviendra plus tard Sarah), de son neveu Lot, ainsi que de tous leurs biens et serviteurs. Ils voyagent vers Canaan et traversent le pays jusqu'au lieu de Sichem, au chêne de Moré. Là, Dieu apparaît à Abram et lui déclare que cette terre sera donnée à sa descendance. En cet endroit, Abram érige un autel en l'honneur de son Seigneur. Puis il poursuit sa traversée, de campement en campement, vers Béthel et jusqu'au Néguev.

Cependant, au sein de cette terre promise, la famine s'installe, contraignant Abram à descendre vers les contrées fertiles d'Égypte. Avant d'y entrer, il demande à Saraï de se faire passer pour sa sœur plutôt que pour sa femme, craignant que les Égyptiens, séduits par sa grande beauté, ne le tuent pour la posséder. De fait, les Égyptiens remarquent la beauté de Saraï et l'emmènent dans la maison de Pharaon qui la prend pour femme, tandis qu'Abram est comblé de richesses et de faveurs.

Mais Dieu ne reste pas indifférent à cette injustice. Il frappe Pharaon et sa maison de graves plaies. Pharaon, comprenant enfin la vérité, reproche à Abram sa tromperie et le renvoie, accompagné de sa femme et de tous ses biens, vers les terres de Canaan.

Chapitre 13

La lecture convenue du texte

De retour d'Égypte, Abram, accompagné de son épouse Saraï et de son neveu Lot, se réinstalle dans la région de Béthel. Les deux hommes, Abram et Lot, sont riches en troupeaux, en argent et en or, et possèdent chacun leur campement. Cependant, leur prospérité croissante engendre une rivalité entre leurs bergers.

Soucieux de préserver la paix entre eux, Abram propose à Lot de se séparer, en lui laissant le choix des terres qu'il souhaite habiter. Attiré par la fertilité du Jourdain, Lot choisit les plaines de Sodome et s'éloigne vers l'est, tandis qu'Abram demeure dans les collines de Canaan.

Après le départ de Lot, Dieu renouvelle sa promesse à Abram : il lui accorde, à lui et à sa descendance, toute la terre qu'il peut contempler, du nord au midi, de l'orient à l'occident. Abram s'établit alors à Hébron, près des chênes de Mamré, où il érige un nouvel autel en l'honneur du Seigneur.

Chapitre 14

La lecture convenue du texte

Les contrées de Canaan se retrouvent plongées dans la tourmente d'une guerre régionale. Pendant douze ans, quatre rois, conduits par Kedorlaomer, souverain d'Élam, asservissent cinq autres rois, parmi lesquels ceux de Sodome et de Gomorrhe. À la treizième année, les rois opprimés se révoltent, déclenchant une confrontation d'une ampleur sans précédent.

Les forces de Kedorlaomer triomphent, ravageant les terres et s'emparant des richesses des cités rebelles, y compris celles de Sodome. Parmi les captifs se trouve Lot, le neveu d'Abram, emmené avec ses biens. Lorsqu'Abram apprend la nouvelle, il réagit avec une promptitude héroïque. Il rassemble 318 hommes aguerris et se lance à la poursuite des envahisseurs.

La nuit, dans une habile manœuvre, Abram divise ses forces et surprend les ennemis. Sa victoire est éclatante : il libère Lot, ainsi que les captifs, et récupère les biens pillés.

De retour victorieux, Abram est accueilli par Melchisédek, roi de Salem et prêtre du Dieu Très-Haut. Melchisédek bénit Abram et lui offre du pain et du vin, tandis qu'Abram, en signe de gratitude, lui donne la dîme de tout ce qu'il a remporté. Le roi de Sodome, lui aussi reconnaissant, propose à Abraham de garder les biens récupérés, mais ce dernier, dans un geste de noblesse, refuse tout profit matériel, affirmant qu'il ne veut devoir sa richesse qu'à Dieu.

Chapitre 15

La lecture convenue du texte

Après ces événements, Dieu s'adresse à Abram dans une vision nocturne : « Ne crains point, Abram, lui dit-il, je suis ton bouclier, et ta récompense sera très grande ». Cependant, Abram exprime son inquiétude, car il n'a pas d'héritier direct et regrette que son serviteur Éliézer de Damas doive hériter de ses biens. Dieu le rassure : « Ce n'est pas lui qui sera ton héritier, mais quelqu'un de ton sang ». Il invite alors Abram à contempler les cieux et à compter les étoiles, en lui promettant : « Ainsi sera ta descendance ».

Pour sceller l'alliance, Dieu ordonne à son élu de préparer un sacrifice rituel particulier, en divisant plusieurs animaux. Alors qu'une profonde torpeur s'empare d'Abram, Dieu lui révèle le futur de sa descendance : elle sera asservie dans une terre étrangère pendant quatre cents ans, mais en ressortira enrichie, et ses oppresseurs seront jugés. À la tombée de la nuit, un brasier fumant et une torche flamboyante passent entre les morceaux d'animaux, symbolisant la présence divine et ratifiant l'alliance. En ce jour sacré, Dieu réitère sa promesse : il assure Abram que sa descendance possédera un vaste territoire, s'étendant « depuis le Torrent d'Égypte jusqu'au Grand Fleuve, l'Euphrate ».

Chapitre 16

Le texte biblique

16.1- Saraï, la femme d'Abram, n'avait pas enfanté pour lui. Elle avait une servante égyptienne, nommée Hagar. 2- Saraï dit à Abram : « Voici, je te prie[4], Yahvé m'a retenue d'enfanter. S'il te plait, viens vers ma servante. Peut-être aurai-je un fils par elle [/ serai-je construite d'elle][5] ». Abram écouta la voix de Saraï. 3- Et donc dix ans après qu'Abram se fut établi au pays de Canaan, Saraï, femme d'Abram, prit Hagar l'Égyptienne, sa servante, et la donna à Abram, son homme, à lui pour femme. 4- Celui-ci alla vers Hagar, et elle devint enceinte. Quand elle se vit enceinte, sa maîtresse ne compta plus à ses yeux. 5- Saraï dit à Abram : « Que la violence qui m'est faite retombe sur toi ! C'est moi qui ai mis ma servante dans tes bras, et, depuis qu'elle s'est vue enceinte, je ne compte plus à ses yeux. Que Dieu soit juge entre moi et toi ! » 6- Abram dit à Saraï : « Ta servante est entre tes mains, fais-lui ce que bon te semble. » Saraï humilia Hagar et celle-ci prit la fuite. 7- Un messager de Yahvé la trouva dans le désert, près d'une source, celle qui est sur la route de Shour. 8- Il lui dit : « Hagar, servante de Saraï, d'où viens-tu et où vas-tu ? » Elle répondit : « En face de Saraï, ma maîtresse, moi je fuis. » 9- Le messager de Yahvé lui dit : « Retourne chez ta maîtresse, et humilie-toi sous sa main. » 10- Le messager de Yahvé lui

---

[4] Comme précédemment, nous traduisons l'expression *hinnéh-nâ'* de façon plus littérale par « Voici, je te prie », comme le fait Wénin (2016 : 110), plutôt que par « Écoute-moi » comme le fait l'AELF.

[5] En hébreu, l'expression « Peut-être aurai-je un fils par elle » a comme sens littéral : « Peut-être serai-je construite d'elle ». Chouraqui traduit par : « Peut-être serai-je bâtie d'elle ».

dit : « Je multiplierai, je multiplierai ta descendance : tellement nombreuse qu'il sera impossible de la compter ! » 11-Le messager de Yahvé lui dit : « Te voilà enceinte, tu vas enfanter un fils, et tu lui donneras le nom d'Ismaël [c'est-à-dire : Dieu entend]. Oui, Yahvé a entendu ta misère. 12- Il sera comme un onagre humain : sa main se dressera contre tous, et la main de tous contre lui ; il établira sa demeure face à tous ses frères. » 13- À Yahvé qui lui parlait, Hagar cria ce nom : « Tu es El-Roï [c'est-à-dire : le-Dieu-qui-me-voit] », car elle se demandait : « Ai-je bien vu ici, de dos, celui qui me voit ? » 14- C'est pourquoi on appela ce puits : Lahaï-Roï [c'est-à-dire le-Vivant-qui-me-voit]. Il se trouve entre Cadès et Béred. 15-Hagar enfanta un fils à Abram, qui cria le nom de son fils : Ismaël. 16- Abram avait quatre-vingt-six ans quand Hagar lui enfanta Ismaël.

La lecture convenue du texte

Dix années se sont écoulées depuis son arrivée en terre étrangère, dix ans durant lesquels Abram a voué son culte au Seigneur, mais le doux murmure de l'enfant attendu ne s'est toujours pas fait entendre. Saraï, son épouse, reste stérile, et son ventre désespérément vide.

Alors, dans un geste mêlé de désespoir et de foi, Saraï tend à Abram sa servante égyptienne Hagar, espérant qu'elle pourrait avoir, grâce à elle, un enfant. Abram écoute sa femme. Il prend Hagar dans ses bras, et la vie s'épanouit dans le sein de la servante, telle une fleur au milieu du désert aride.

Cependant, avec la promesse de la vie surgit l'ombre du conflit. Hagar, portant en elle la semence d'Abraham, se gonfle d'orgueil et oublie sa condition de servante. Saraï, s'estimant méprisée, laisse éclater sa colère devant Abram. Celui-ci refuse d'intervenir, laissant Saraï agir à sa guise. Alors, Saraï humilie sa servante, et Hagar s'enfuit dans le désert inhospitalier, avec le fardeau de la vie en son sein.

Sous le poids des épreuves et de l'abandon, Hagar cherche refuge près d'une source d'eau vive. Là, dans le silence intime de la solitude, un messager céleste lui apparaît. Il l'invite à retourner vers sa maîtresse et à s'humilier sous son joug, tout en lui assurant qu'elle aura une descendance innombrable, au-delà de toute imagination. Son fils sera libre et intrépide, un homme semblable à un âne sauvage, levant la main contre tous ceux qui tenteront de lui faire obstacle[6]. Le nom de l'enfant à naître est murmuré : Ismaël, c'est-à-dire « Dieu entend », car le Seigneur a prêté l'oreille aux prières d'Hagar et à son humiliation.

Hagar retourne vers ses maîtres. Elle enfante un fils à Abram, alors âgé de quatre-vingt-six ans. Abram le nomme Ismaël, reconnaissant en lui l'enfant de l'attente et du dévouement.

Chapitre 17

Le texte biblique

17.1- Lorsque Abram eut atteint quatre-vingt-dix-neuf ans, Yahvé lui apparut et lui dit : « Je suis El-Shadday [le Dieu Tout-Puissant][7] ; marche en ma présence et sois parfait. 2- J'établirai mon alliance entre moi et toi, et je multiplierai ta descendance à l'infini. » 3- Abram tomba face contre terre et Dieu lui parla ainsi : 4- « Moi, voici l'alliance que je fais avec toi : sois le père d'une multitude de nations. 5- Tu ne seras plus appelé du nom d'Abram, ton nom sera Abraham [c'est-

---

[6] Dans les textes bibliques (comme Os 8,9 ; Jb 39,5 ou Ps 104,11), la comparaison avec l'âne sauvage, l'onagre, n'est nullement péjorative : elle figure à la fois une vie précaire et l'idée d'indépendance (Römer, 2023 : 188).

[7] El-Shadday est l'un des noms hébreux de Dieu. Ce nom a été interprété de différentes manières, et son exactitude étymologique est sujette à débat parmi les érudits. La Septante, qui utilise le terme « pantocrator », a influencé de nombreuses traductions modernes, qui rendent cette expression par « le Dieu tout-puissant ».

à-dire : père d'une multitude] : oui, je fais de toi le père d'une multitude de peuples. 6- Je te ferai porter des fruits à l'infini, de toi je ferai des nations, et des rois sortiront de toi. 7- J'établirai mon alliance entre moi, entre toi, et entre ta descendance après toi, de génération en génération ; ce sera une alliance éternelle ; ainsi je serai ton Dieu et le Dieu de ta descendance après toi. 8- À toi et à ta descendance après toi je donnerai le pays où tu résides, tout le pays de Canaan en propriété perpétuelle, et je serai leur Dieu. » 9- Dieu dit à Abraham : « Toi, tu observeras mon alliance, toi et ta descendance après toi, de génération en génération. 10- Et voici l'alliance qui sera observée entre moi, entre vous, et entre ta descendance après toi : tous vos enfants mâles seront circoncis. 11- Circoncisez la chair de vos prépuces. Cela deviendra le signe de l'alliance entre moi et vous. 12- À chaque génération, tous vos enfants mâles âgés de huit jours seront circoncis, les enfants nés dans la maison, ou les enfants étrangers qui ne sont pas de ta descendance mais sont acquis à prix d'argent. 13- Né dans la maison ou acquis à prix d'argent, tout mâle sera circoncis. Inscrite dans votre chair, mon alliance deviendra une alliance éternelle. 14- L'incirconcis, le mâle dont la chair du prépuce n'aura pas été circoncise, celui-là sera retranché d'entre les siens : il aura rompu mon alliance. » 15- Dieu dit encore à Abraham : « Saraï, ta femme, tu ne l'appelleras plus Saraï [c'est-à-dire : Ma Princesse] ; oui, son nom est Sarah [c'est-à-dire : Princesse]. 16- Je la bénirai : d'elle aussi je te donnerai un fils ; oui, je la bénirai, elle sera à l'origine de nations, d'elle proviendront les rois de plusieurs peuples. » 17- Abraham tomba face contre terre. Il se mit à rire en son cœur : « Un homme de cent ans va-t-il avoir un fils, et Sarah, à quatre-vingt-dix ans, va-t-elle enfanter ? » 18- Et il dit à Dieu : « Accorde-moi seulement qu'Ismaël vive sous ton regard ! » 19- Mais Dieu reprit : « Oui, vraiment, ta femme Sarah va t'enfanter un fils, tu lui donneras le nom d'Isaac [un nom qui évoque le rire[8]]. J'établirai mon alliance avec lui, comme une alliance éternelle avec sa descendance après lui. 20- Au sujet d'Ismaël, je t'ai bien entendu : je le bénis, je le ferai fructifier et se multiplier à l'infini ; il engendrera douze princes, et je ferai de lui une grande nation. 21- Quant à mon alliance, c'est avec Isaac que je l'établirai, avec l'enfant que Sarah va te donner l'an prochain à pareille époque. » 22- Lorsque Dieu eut fini de parler avec Abraham, il s'éleva loin de lui. 23- Abraham prit son fils Ismaël, et tout mâle né dans sa maison ou acquis à prix d'argent ; il circoncit la chair de leur prépuce, en ce jour même, comme Dieu le lui avait dit. 24- Abraham avait quatre-vingt-dix-neuf ans quand fut circoncise la chair de son prépuce, 25- et Ismaël avait treize ans quand fut circoncise la chair de son prépuce. 26- En ce jour même, Abraham et son fils Ismaël furent circoncis. 27- Tous les hommes de sa maison, nés dans la maison ou acquis d'un étranger à prix d'argent, furent circoncis avec lui.

La lecture convenue du texte

Lorsque Abram atteint l'âge de quatre-vingt-dix-neuf ans, l'Éternel se révèle à lui dans toute sa splendeur. Il lui enjoint de cheminer en sa présence et de rechercher la perfection. Puis, scellant une alliance éternelle avec lui et sa lignée, il lui promet une descendance sans fin et lui offre en héritage la terre de Canaan, où il réside, pour toujours. Abram se prosterne devant Dieu. Désormais, il s'appellera Abraham, le Père de nations innombrables.

---

[8] Thomas Römer explique que « le nom Isaac signifie probablement "qu'El sourie, se réjouisse". D'autres pensent que le nom exprime la joie du père lors de la naissance d'un fils. Il n'existe à ce jour aucune attestation de ce nom en dehors de la Bible. Gn 17 et 18 ne sont pas des explications du nom, mais des jeux de mots avec lui ; ils présupposent auprès du destinataire une association avec la racine "rire" » (2023 : 219).

En signe de l'alliance conclue, le Seigneur institue la circoncision. Il exige que les fils d'Abraham et tous les enfants mâles de sa maison soient marqués, dès l'âge de huit jours, dans la chair de leur prépuce, du sceau de leur engagement envers lui et de leur appartenance à sa promesse.

Cependant, Abraham n'est pas seul dans cette alliance céleste. Saraï, son épouse bien-aimée, se voit à son tour attribuer un nouveau nom, Sarah, qui signifie « Princesse ». Bien qu'avancée en âge et stérile, Dieu annonce à Abraham qu'elle lui enfantera un fils.

À cette annonce, Abraham tombe face contre terre, un rire mêlé d'incrédulité et de gratitude s'échappant de ses lèvres. Il n'en espérait pas tant. Son seul souhait est de voir son fils Ismaël grandir sous ses yeux. Mais le Seigneur lui réaffirme que Sarah enfantera un fils, auquel il donnera le nom d'Isaac, un nom qui évoque le « rire ». C'est avec cet enfant et sa descendance que l'alliance sera établie. Quant à Ismaël, il sera également béni : il prospérera sans mesure et deviendra le père d'une grande nation.

Ayant ainsi parlé, l'Éternel se retire. Ce jour même, Abraham et son fils Ismaël se font circoncire, en témoignage de leur adhésion à Dieu et de leur foi en la grandeur de ses desseins.

Chapitre 18

Le texte biblique

18.1- Aux chênes de Mamré, Yahvé se fit voir à Abraham, qui était assis à l'entrée de la tente. C'était l'heure la plus chaude du jour. 2- Il leva les yeux, et il vit trois hommes qui se tenaient debout près de lui. Dès qu'il les vit, il courut à leur rencontre depuis l'entrée de la tente et se prosterna jusqu'à terre. 3- Il dit : « Mon seigneur, si j'ai pu trouver grâce à tes yeux, ne passe pas sans t'arrêter près de ton serviteur. 4- Permettez que l'on vous apporte un peu d'eau, vous vous laverez les pieds, et vous vous étendrez sous cet arbre. 5- Je vais chercher de quoi manger, et vous reprendrez des forces avant d'aller plus loin, puisque vous êtes passés près de votre serviteur ! » Ils répondirent : « Fais comme tu l'as dit. » 6- Abraham se hâta d'aller trouver Sarah dans sa tente, et il dit : « Prends vite trois grandes mesures de fleur de farine, pétris la pâte et fais des galettes. » 7- Puis Abraham courut au troupeau, il prit un veau gras et tendre, et le donna à un serviteur, qui se hâta de le préparer. 8- Il prit du fromage blanc, du lait, le veau que l'on avait apprêté, et les déposa devant eux ; il se tenait debout près d'eux, sous l'arbre, pendant qu'ils mangeaient. 9- Ils lui demandèrent : « Où est Sarah, ta femme ? » Il répondit : « Elle est à l'intérieur de la tente. » 10- Il reprit : « Je reviendrai chez toi au temps fixé pour la naissance, et à ce moment-là, Sarah, ta femme, aura un fils. » Or, Sarah écoutait par-derrière, à l'entrée de la tente. 11 – Abraham et Sarah étaient avancés en âge, et la voie des femmes avait cessé pour Sarah[9]. 12- Elle se mit à rire en elle-même ; elle se disait : « Après mon déclin, j'aurai donc de la jouissance, et mon seigneur est vieux »[10] 13- Yahvé dit à Abraham : « Pourquoi Sarah a-t-elle ri, en disant : "Est-ce que vraiment j'aurais un enfant, vieille comme je suis ?" 14- Y a-t-il une merveille que Yahvé ne puisse accomplir ? Au moment où je reviendrai chez toi, au temps fixé, Sarah aura un fils. » 15- Sarah mentit en disant : « Je n'ai pas ri », car elle avait peur. Il répliqua : « Si, tu as ri. » 16- Les hommes se levèrent pour partir et regardèrent du côté de Sodome. Abraham marchait avec eux pour les reconduire. 17- Yahvé

---

[9] Nous avons choisi la traduction littérale de Chouraqui : « Elle a cessé d'être pour Sarah, la voie des femmes ! » à celle de l'AELF : « Sarah avait cessé d'avoir ce qui arrive aux femmes ».

[10] Nous optons pour la traduction de Wénin, qui est proche de celle de Chouraqui (« Après m'être fanée, aurai-je la volupté ? Et mon Adôn est si vieux ! »), de préférence à celle de l'AELF : « J'ai pourtant passé l'âge du plaisir, et mon seigneur est un vieillard ! ».

s'était dit : « Est-ce que je vais cacher à Abraham ce que je veux faire ? 18- Car Abraham doit devenir une nation grande et puissante, et toutes les nations de la terre doivent être bénies en lui. 19- Oui, je l'ai choisi pour qu'il ordonne à ses fils et à sa descendance de garder le chemin de Yahvé, en pratiquant la justice et le droit : ainsi Yahvé réalisera sa parole à Abraham. » 20- Alors Yahvé dit : « Comme elle est grande, la clameur au sujet de Sodome et de Gomorrhe ! Et leur faute, comme elle est lourde ! 21- Je veux descendre pour voir si leur conduite correspond à la clameur venue jusqu'à moi. Si c'est faux, je le reconnaîtrai. » 22- Les hommes se dirigèrent vers Sodome, tandis qu'Abraham demeurait devant Yahvé. 23- Abraham s'approcha et dit : « Vas-tu vraiment faire périr le juste avec le coupable ? 24- Peut-être y a-t-il cinquante justes dans la ville. Vas-tu vraiment les faire périr ? Ne supporteras-tu pas le lieu pour les cinquante justes qui s'y trouvent ? 25- Profanation ! Toi, faire une telle parole, mettre à mort le juste avec le criminel ! Il en serait du juste comme du criminel ? Profanation ! Toi, le juge de toute la terre, tu ne ferais pas jugement ? » 26- Yahvé déclara : « Si je trouve cinquante justes dans Sodome, pour eux, je supporterai toute la ville. » 27- Abraham répondit : « J'ose encore parler à mon Seigneur, moi qui suis poussière et cendre. 28- Peut-être, sur les cinquante justes, en manquera-t-il cinq : pour ces cinq-là, vas-tu détruire toute la ville ? » Il déclara : « Non, je ne la détruirai pas, si j'en trouve quarante-cinq. » 29- Il insista : « Peut-être s'en trouvera-t-il seulement quarante ? » Il dit : « Pour quarante, je ne le ferai pas. » 30- Il dit : « Que mon Seigneur ne se mette pas en colère, si j'ose parler encore. Peut-être s'en trouvera-t-il seulement trente ? » Il déclara : « Si j'en trouve trente, je ne le ferai pas. » 31- Il dit alors : « J'ose encore parler à mon Seigneur. Peut-être s'en trouvera-t-il seulement vingt ? » Il déclara : « Pour vingt, je ne détruirai pas. » 32- Il dit : « Que mon Seigneur ne se mette pas en colère : je ne parlerai plus qu'une fois. Peut-être s'en trouvera-t-il seulement dix ? » Il déclara : « Pour dix, je ne détruirai pas. » 33- Quand Yahvé eut fini de s'entretenir avec Abraham, il partit, et Abraham retourna chez lui.

La lecture convenue du texte

Abraham réside sous les antiques chênes de Mamré. Un jour, au plus fort de la chaleur, alors qu'il se repose à l'ombre de sa tente, trois messagers divins croisent son chemin. Sans hésiter, il accourt à leur rencontre, s'incline devant eux et les invite à partager son humble demeure. Avec une hospitalité empreinte de noblesse, il les accueille, leur offrant du fromage blanc, du lait et un veau préparé avec soin.

Ces émissaires lui rappellent la fidélité du Seigneur et confirment le miracle à venir : Sarah, son épouse, enfantera un fils. À l'arrière de la tente, Sarah entend les paroles des visiteurs. Elle rit en elle-même d'incrédulité et de jubilation. Elle s'étonne que la promesse de maternité, autrefois évanouie, lui soit offerte maintenant que les années ont laissé leur empreinte sur elle et son époux. Se pourrait-il que son mari lui fasse encore goûter, malgré leur vieillesse avancée, à la douceur de la volupté ?

Le Seigneur perçoit le rire de Sarah, et son courroux se fait sentir. Ne sait-elle donc pas que rien n'est impossible à la grâce divine ? Que même au crépuscule de l'âge, les miracles peuvent se réaliser ? Saisie de crainte, Sarah nie avoir ri. Mais le Seigneur, dans sa clairvoyance, la corrige : « Si, tu as ri ! », proclamant ainsi la vérité de son cœur.

Les étrangers se lèvent pour prendre congé et se dirigent vers la vallée de Sodome, cité maudite, où résonnent les échos du vice et de la dépravation. Le Seigneur révèle à Abraham son intention de descendre vers la ville, prêt à juger selon la clameur qui monte jusqu'à lui.

Craignant la rigueur divine, Abraham laisse parler son cœur. Il s'approche du Très-Haut et l'implore de ne pas déverser sa colère sur les innocents, de ne pas condamner les justes avec les pécheurs. Dans un plaidoyer humble, il exalte le Tout-Puissant et le supplie de sauver la cité impie au nom des quelques justes qui s'y trouvent : « Si cinquante justes se découvrent dans Sodome, la détruirais-tu ? Et s'ils sont quarante, trente, vingt, et même seulement dix ? »

Dieu entend Abraham. Il promet de ne pas détruire la ville par égard pour les justes qui s'y trouvent, offrant ainsi un rayon de lumière dans les ténèbres.

Chapitre 19

La lecture convenue du texte

L'arrivée des voyageurs célestes à Sodome éveille des murmures dans cette cité corrompue. Mais Lot ressent en leur présence un devoir sacré. Il insiste pour les accueillir sous son toit, leur offrant l'abri de son hospitalité et un festin digne de leur rang.

Cependant, l'ombre du vice plane lourdement sur Sodome. Les hommes de la ville, avides de chair et de péché, se rassemblent autour de la demeure de Lot, réclamant les étrangers pour les souiller. Mais Lot, résolu dans son intégrité, refuse de céder à la perversion. Dans un geste de désespoir ou de folie, il va jusqu'à offrir ses propres filles en échange de la protection de ses invités. Mais en vain : les gens de Sodome, aveuglés par leurs passions dévorantes, menacent Lot d'une humiliation plus grande encore.

Alors, les invités de Lot, porteurs du jugement divin, interviennent. Ils aveuglent les assaillants et exhortent Lot et les siens à fuir sans se retourner, à s'éloigner avant que la cité impie ne soit engloutie par la ruine.

Les gendres de Lot tournent en dérision l'avertissement des messagers, et ils seront détruits avec la ville. La femme de Lot ne peut s'empêcher de se retourner : aussitôt, elle est figée, pétrifiée dans le sel des regrets éternels. Seuls Lot et ses filles parviennent à fuir la cité. Apeurés, ils trouvent refuge vers les hauteurs, dans une caverne où les attend la sécurité.

Dès les premières lueurs du soleil, les flammes du jugement s'abattent sur Sodome, réduisant en cendres les édifices orgueilleux et les âmes corrompues. Du lointain, Abraham contemple la fumée noire s'élevant de cette terre maudite, tel un souffle de fournaise. Mais dans ce déchaînement de violence, le Seigneur, en préservant Lot du cataclysme, ne s'est-il pas, malgré tout, souvenu d'Abraham ?

Réfugiés dans une caverne, Lot et ses filles portent le fardeau d'un destin entaché. Leurs cœurs, alourdis par la douleur et la peur, murmurent des lamentations de désespoir. Dans les ténèbres profondes, les filles de Lot, jadis pures et innocentes, échafaudent un stratagème désespéré pour préserver l'héritage de leur père. Elles lui offrent le nectar de l'oubli, l'ivresse comme baume pour endormir sa conscience. Et lorsque, deux nuits durant, leur père succombe à la torpeur, laissant son esprit dériver sur les flots de l'ivresse, elles s'unissent à lui, semant ainsi les graines d'une nouvelle ère. De ces unions naîtront deux peuples voisins d'Israël : les Moabites et les Ammonites.

Chapitre 20

Le texte biblique

20.1- De là, Abraham leva le camp pour le pays du Néguev, il habita entre Cadès et Shour, puis séjourna à Guérar. 2- Comme Abraham disait de sa femme Sarah : « C'est ma sœur », Abimélek, roi de Guérar, envoya prendre Sarah. 3- Mais, pendant la nuit, Dieu vint en songe auprès d'Abimélek et lui dit : « Te voici mort à cause de cette femme que tu as prise, car elle est mariée. » 4- Mais Abimélek ne l'avait pas approchée. Il dit : « Seigneur, la nation juste aussi la tueras-tu ? 5- N'est-ce pas lui qui m'avait dit : "C'est ma sœur" et elle, elle aussi, ne disait-elle pas : "C'est mon frère" ?

J'ai fait cela, le cœur intègre et les mains innocentes. » 6- Toujours en songe, le Dieu lui répondit : « Oui, je sais bien que tu as fait cela, le cœur intègre ; aussi, moi-même je t'ai retenu de pécher contre moi. C'est pourquoi je ne t'ai pas laissé la toucher. 7- Maintenant, rends sa femme à cet homme, car c'est un prophète. Il intercédera en ta faveur et tu resteras en vie. Mais si tu ne rends pas la femme, sache que tu mourras, tu mourras, toi et tous les tiens. » 8- Abimélek se leva de bon matin, convoqua tous ses serviteurs et leur rapporta toute l'affaire. Les hommes eurent très peur. 9- Ensuite, Abimélek convoqua Abraham et lui dit : « Que nous as-tu fait là ! En quoi ai-je péché contre toi pour que tu aies fait venir sur moi et mon royaume un si grave péché ? Tu as fait à mon égard une chose qui ne se fait pas ! » 10- Abimélek dit encore à Abraham : « Qu'avais-tu en vue pour agir ainsi ? » 11- Abraham répondit : « Je m'étais dit : pour sûr, en cet endroit, il n'y a aucune crainte de Dieu ; ils me tueront à cause de ma femme. 12- De plus, c'est vrai qu'elle est ma sœur, la fille de mon père mais non celle de ma mère. Et elle est devenue ma femme. 13- Lorsque les dieux me firent errer loin de la maison de mon père, j'ai dit à Sarah : "Voici la faveur que tu me feras : partout où nous irons, dis de moi : C'est mon frère." » 14- Alors, Abimélek prit du petit et du gros bétail, des serviteurs et des servantes ; il les donna à Abraham et lui rendit Sarah, sa femme. 15- Puis Abimélek dit : « Voici, devant toi, mon pays. Habite où bon te semblera ! » 16- Et il dit à Sarah : « Voici que je donne mille pièces d'argent à ton frère ; ce sera pour toi comme un voile sur les yeux de tous ceux qui t'entourent et, vis-à-vis de tous, tu seras réhabilitée. » 17- Abraham prie le Dieu, et Dieu guérit Abimélek, sa femme et ses servantes qui purent avoir des enfants. 18- En effet, Yahvé avait rendu stériles toutes les femmes de la maison d'Abimélek à cause de Sarah, la femme d'Abraham.

La lecture convenue du texte

Abraham se rend maintenant dans les terres fertiles de Guérar, où règne le puissant souverain philistin Abimélek. Craignant pour sa vie, il présente de nouveau sa femme comme sa sœur, dissimulant ainsi leur union sacrée.

Abimélek n'hésite pas à prendre Sarah dans son palais, ignorant le lien qui l'unit à Abraham. Mais le Seigneur, vigilant gardien des serments, veille sur les siens. Dans un rêve prophétique, il avertit Abimélek et le menace de châtiment pour avoir pris la femme d'un autre. Terrifié, Abimélek assure qu'il a agi avec une intention pure, ayant été trompé par la ruse d'Abraham. Le Tout-Puissant, dans son infinie justice, l'excuse : « Je sais, lui dit-il, que tu as agi avec un cœur pur, et c'est pourquoi je t'ai préservé de pécher contre moi. C'est moi qui t'ai empêché de toucher la femme d'Abraham. »

Au lever du jour, Abimélek s'efforce de rétablir l'harmonie. Il convoque Abraham, lui rend sa femme et lui demande pourquoi il l'a trompé. Abraham explique qu'il a craint pour sa vie à cause de sa femme, mais révèle aussi que Sarah est en fait sa demi-sœur. Pour sceller une réconciliation sincère, Abimélek offre à Abraham du bétail, des serviteurs et mille pièces d'argent pour rétablir l'honneur de Sarah aux yeux de tous. En retour, Abraham intercède auprès de Dieu et Abimélek peut rejoindre ses femmes et concubines, qui retrouvent la fécondité qu'elles avaient perdue à cause de Sarah.

Ainsi, la grâce divine continue d'envelopper Abraham et Sarah, préservant leur vie et leur lignée, même au cœur des ténèbres de la tromperie.

Chapitre 21 (versets 1 à 21)

Le texte biblique

21.1- Yahvé visita Sarah comme il l'avait annoncé ; il agit pour elle comme il l'avait dit. 2- Elle devint enceinte, et elle enfanta un fils pour Abraham dans sa vieillesse, à la date que Dieu avait fixée. 3- Et Abraham cria le nom de son fils, enfanté pour lui, que lui a enfanté Sarah : Isaac. 4- Quand Isaac eut huit jours, Abraham le circoncit, comme Dieu le lui avait ordonné. 5- Abraham avait cent ans quand naquit son fils Isaac. 6- Sarah dit : « Dieu m'a fait un rire : quiconque l'apprendra rira à mon sujet. » 7- Puis elle ajouta : « Qui aurait dit à Abraham que Sarah allaiterait des fils ? Et pourtant j'ai donné un fils à sa vieillesse ! » 8- L'enfant grandit, et il fut sevré. Abraham donna un grand festin le jour où Isaac fut sevré. 9- Or, Sarah regardait s'amuser Ismaël, ce fils qu'Abraham avait eu d'Hagar l'Égyptienne. 10- Elle dit à Abraham : « Chasse cette servante et son fils ! Non, le fils de cette servante n'héritera pas avec mon fils, avec Isaac ! » 11- Cette parole attrista beaucoup Abraham, à cause de son fils. 12- Dieu dit à Abraham : « Ne sois pas triste à cause du garçon et de ta servante. Écoute tout ce que Sarah te dira. Oui, c'est par Isaac qu'une descendance portera ton nom. 13- Mais je ferai aussi une nation du fils de la servante, car c'est ta descendance. » 14- Abraham se leva de bon matin, il prit du pain et une outre d'eau, il les posa sur l'épaule d'Hagar, il lui remit l'enfant. Puis il la renvoya. Elle partit et alla errer dans le désert de Beer-Shéva. 15- Quand l'eau de l'outre fut épuisée, elle laissa l'enfant sous un buisson, 16- et alla s'asseoir non loin de là, à la distance d'une portée de flèche. Elle se disait : « Je ne veux pas voir mourir l'enfant ! » Elle s'assit non loin de là. Elle éleva la voix et pleura. 17- Dieu entendit la voix du petit garçon ; et du ciel, le messager de Dieu appela Hagar : « Qu'as-tu, Hagar ? Sois sans crainte, car Dieu a entendu la voix du petit garçon, sous le buisson où il était. 18- Debout ! Prends le garçon et tiens-le par la main : oui, je ferai de lui une grande nation. » 19- Alors, Dieu lui ouvrit les yeux, et elle aperçut un puits. Elle alla remplir l'outre et fit boire le garçon. 20- Dieu fut avec lui, il grandit et habita au désert, et il devint un tireur à l'arc. 21- Il habita au désert de Parân, et sa mère lui choisit une femme du pays d'Égypte.

La lecture convenue du texte

Fidèle à sa promesse, le Seigneur visite Sarah, et les miracles s'épanouissent comme annoncé. Abraham a cent ans lorsqu'il reçoit des bras de Sarah le fils tant attendu. Isaac, nommé ainsi en écho au rire divin qui éclate dans leur foyer, est circoncis huit jours après sa naissance, conformément aux ordres de Dieu.

Quand Isaac atteint l'âge du sevrage, Abraham organise un festin grandiose en son honneur. Sarah, profondément émue, contemple avec émerveillement la grâce qui lui a été accordée. Qui aurait pu prédire qu'à son âge avancé, elle porterait un fils ? « Dieu m'a donné un rire », dit-elle, jouant sur les résonances du nom de son fils, « et tous ceux qui l'apprendront riront avec moi. »

Cependant, au milieu de cette joie, des ombres rôdent. Lorsque Sarah entend, au cœur de la fête en l'honneur d'Isaac, les éclats de rire d'Ismaël – le fils qu'Abraham a eu avec Hagar l'Égyptienne –, ses peurs et sa jalousie resurgissent. Elle exige qu'Abraham renvoie Hagar et Ismaël, afin de garantir que l'héritage soit entièrement réservé à Isaac.

Affligé par les paroles de Sarah, Abraham se tourne vers le Seigneur. Celui-ci lui ordonne d'écouter sa femme, tout en lui assurant l'avenir de ses deux fils. Le matin suivant, Abraham fournit à Hagar et Ismaël du pain et une outre d'eau, puis les renvoie vers un destin incertain.

Dans le désert brûlant, Hagar et Ismaël errent, seuls et désemparés. Mais là, au cœur de la solitude et aux portes de la mort, une main divine se tend à nouveau. Une source jaillit miraculeusement du sol desséché, apportant réconfort et espoir à ces voyageurs égarés. La promesse faite à Ismaël est renouvelée : l'Éternel fera de lui une grande nation.

Les dernières péripéties

À la suite de ces événements, la destinée d'Abraham se déploie en une série de moments saisissants, où la foi et l'espérance s'entrelacent dans une obéissance confiante au dessein divin.

Ainsi, le chapitre 22 relate l'épreuve suprême : le sacrifice d'Isaac. Dans ce geste suspendu par l'intervention divine, la foi absolue d'Abraham resplendit, tandis qu'Isaac est consacré comme l'héritier des promesses éternelles.

Le chapitre 23 évoque l'heure sombre de la perte, lorsque Sarah, la compagne de toujours, s'éteint. Abraham acquiert alors un champ dans la région d'Hébron afin de lui offrir une sépulture, affirmant par ce geste sa foi en l'accomplissement des promesses liées à la terre promise.

Le chapitre 24 s'ouvre sur un horizon d'espérance. Soucieux d'assurer la continuité de la lignée élue, Abraham charge son fidèle serviteur de trouver une épouse digne d'Isaac parmi sa parenté. La providence divine guide cette quête, et Rébecca, parée des bénédictions célestes, devient l'alliée de l'avenir promis.

Enfin, le chapitre 25 nous livre les dernières pages de la vie d'Abraham. Uni à une autre épouse, Qetoura, il engendre six enfants, mais veille à préserver Isaac comme dépositaire privilégié de son héritage. Parvenu à l'âge vénérable de 175 ans, « rassasié de jours », Abraham s'éteint dans une vieillesse sereine, laissant l'empreinte durable d'un homme façonné par la fidélité divine.

- II -

Les multiples interprétations
du rire de Sarah

L'histoire d'Abraham a suscité une grande diversité d'interprétations et de débats. Elle a engendré et continue de générer une profusion d'analyses et de controverses qu'il serait difficile de récapituler et d'exposer, même succinctement. Cependant, toutes les approches actuelles s'accordent sur la trame narrative que nous avons retracée au chapitre précédent. Toutes comprennent les événements du parcours d'Abraham selon « la lecture convenue » que nous avons présentée. Elles diffèrent entre elles, parfois de manière significative, dans l'interprétation qu'elles donnent à ce donné fondamental, et dans la manière dont elles y intègrent d'autres éléments.

Nous ne chercherons pas à passer en revue les démarches et les productions existantes sur l'histoire d'Abraham. Néanmoins, pour illustrer la diversité des positions actuelles, et pour préparer nos analyses ultérieures, nous allons nous concentrer sur un événement en particulier – le rire de Sarah lorsqu'elle apprend qu'elle va enfanter – et présenter les principales interprétations qui en sont données.

Rappelons qu'Abraham a quitté sa patrie à l'âge vénérable de soixante-quinze ans (Genèse 12,4)[11]. Pendant vingt-quatre ans, il attend patiemment la réalisation de la promesse divine (16,2.15). Lorsque des messagers célestes lui rendent visite à Mamré où il séjourne, Abram a déjà reçu, à quatre reprises, la promesse de descendance, sans qu'aucun enfant ne soit né de Sarah. Le narrateur précise que le couple est alors « avancé en âge » et que « la voie des femmes a cessé d'être pour Sarah », suggérant que celle-ci a atteint la ménopause (18,11). L'idée de concevoir un enfant paraît, dans ces conditions, totalement impossible. Aussi, lorsque, cachée à l'arrière de la tente, Sarah entend les visiteurs annoncer qu'elle va enfanter, elle ne peut s'empêcher de rire en elle-même.

Le texte de la Genèse poursuit ainsi : « Elle se mit à rire en elle-même ; elle se disait : "Après mon déclin, j'aurai donc de la jouissance, et mon seigneur est vieux !". Yahvé dit à Abraham : "Pourquoi Sarah a-t-elle ri, en disant : 'Est-ce que vraiment j'aurais un enfant, vieille comme je suis ?' Y a-t-il une merveille que Yahvé ne puisse accomplir ? Au moment où je reviendrai chez toi, au temps fixé, Sarah aura un fils". Sarah mentit en disant : "Je n'ai pas ri", car elle avait peur. Il répliqua : "Si, tu as ri" » (18,12-15).

Comment interpréter le rire de Sarah ? Quel sens lui attribuer ? Les interprétations se sont multipliées au fil des siècles et se sont souvent contredites. Dans l'ensemble, on peut distinguer trois grandes perspectives : celle qui voit dans le rire de Sarah une manifestation de joie, celle qui le comprend comme une expression d'incrédulité, et celle qui y décèle un signe de concupiscence réprimée.

---

[11] Dans la suite de notre étude, nous mentionnerons les références au livre de la Genèse uniquement par les numéros de chapitre et de verset, sans préciser à chaque fois le titre du livre.

Le rire de joie face à la nouvelle inespérée

La première interprétation voit dans le rire de Sarah une effusion de joie et de soulagement. Après des années d'attente et de stérilité, l'annonce de sa future maternité provoque en elle une réaction naturelle de bonheur. Son rire est le signe de sa foi renouvelée et de sa gratitude envers la promesse divine qui, malgré les délais et les doutes, est enfin sur le point de se réaliser. Cette explication a été soutenue par des exégètes éminents, tels que le philosophe juif Philon d'Alexandrie (décédé vers 45 apr. J.-C.), et reprise par des chercheurs contemporains[12].

Dans cette perspective, les commentateurs estiment que le rire de Sarah résonne en harmonie avec l'allégresse de l'hospitalité dont fait preuve Abraham envers ses visiteurs, et avec la ramure souriante des chênes de Mamré à l'ombre desquels est offert le repas festif. La joie et le plaisir de la nativité à venir s'accordent avec l'atmosphère édénique de rencontres et de dons où se déroule la scène.

Cependant, Philon marque la différence entre la joie véritable, offerte à celui qui réside auprès de Dieu, et la situation de chagrin et de crainte dans laquelle languit l'homme ici-bas[13]. En riant, Sarah anticipe donc la réalisation de la bonne nouvelle et s'arroge une joie qui n'appartient qu'à Dieu seul. C'est pourquoi elle prend peur lorsqu'elle est prise sur le fait, et se rétracte. Craignant que la promesse ne lui

---

[12] Dans ses commentaires sur *Abraham* (1999), Ambroise de Milan (339-397) soutient le même point de vue : « Sarah se mit à rire, c'est le signe, je le pense, d'un avenir plus que d'une incrédulité ». L'argument est également repris par des analystes contemporains, tels que Vanessa Ochs (2005 : 113-114).

[13] En commentant ce verset, le kabbaliste Léon Askénazi reprend la même idée : « Il y a une différence entre le fait de se satisfaire de ce monde-ci au présent, monde du bien et du mal et, d'autre part, réserver le rire plein pour le futur, dans l'ordre d'un monde où le bien aura triomphé » (2007 : 74-77).

échappe, elle se récuse. Mais Dieu la reprend, non pour l'admonester, mais pour lui signifier qu'elle ne devrait pas avoir peur et pour lui confirmer l'annonce. Ainsi, dans cette lecture radieuse de l'épisode, le Seigneur rend courage à Sarah : « Si, tu as ri ! », c'est-à-dire : « Ne sois pas trop prudente, tu as réellement ri et tu as part à la joie ! ».

Le rire d'incrédulité face à la déclaration invraisemblable

La seconde interprétation, en revanche, voit dans le rire de Sarah une manifestation d'incrédulité. Face à l'annonce d'une maternité improbable en raison de son âge avancé, Sarah ne peut s'empêcher de rire par scepticisme. Ce rire, teinté d'ironie, révèle son incapacité à croire, malgré les assurances divines, en la possibilité du miracle annoncé. C'est un rire de doute, une réaction humaine de défiance face à l'inconcevable, qui souligne la fragilité de la foi de Sarah à ce moment précis. « Le rire, explique une analyste contemporaine, est une forme d'incroyance. Une incroyance à ce qui n'est pas de l'ordre du réel. Sarah rit, car elle croit au réel, au réel de son corps » (Abitbol, 2015).

Ce rire d'incrédulité est toutefois empreint de désolation. C'est le rire tourmenté de celle qui n'a jamais ressenti le miracle de la maternité et qui reçoit l'annonce d'une grossesse impossible comme une douloureuse piqûre sur une plaie encore ouverte. Sarah rit pour dissimuler ses larmes et sa profonde détresse intérieure. Dans le commentaire qu'elle associe à ce rire, on pourrait percevoir la douleur et l'amertume sarcastique qui se mêlent à son incrédulité : « Après mon déclin, j'aurai donc de la jouissance, et mon seigneur est vieux ! » (18,12). Le terme « seigneur », que Sarah utilise sans doute communément pour désigner son mari avec déférence, n'est pas ici dénué de dépit, voire teinté de moquerie envers un époux incapable de lui procurer satisfaction.

Lorsqu'elle est surprise à rire, Sarah nie parce qu'elle a peur. Elle redoute la réprobation de son époux, les remontrances des visiteurs et, plus encore, le courroux de Dieu. Cependant, en niant devant Celui qui connaît les secrets des consciences et des cœurs, Sarah ne manifeste-t-elle pas autre chose que de la peur ? Ne fait-elle pas preuve d'une audace sacrilège ?

D'une certaine manière, comme le suggère le texte, elle nie par crainte. Mais on pourrait tout aussi bien dire qu'elle nie par absence de crainte. Elle ose soutenir qu'elle n'a pas ri, alors que chacun – elle-même, son mari, les messagers, Dieu et le lecteur – sait qu'elle l'a fait. Selon Jonathan Kirsch, « Sarah a si peu peur du Tout-Puissant qu'elle rit de ses paroles et lui ment ensuite en face ! » (2001 : 8). Incrédulité, peur, amertume et insolence : le rire de Sarah n'a rien de radieux ni de confiant. C'est un rire sceptique, rebelle, caustique, en un mot : un rire impie.

Il peut être utile de faire référence ici à une certaine tradition judéo-chrétienne, d'inspiration platonicienne et ascétique, qui considère le rire comme fondamentalement diabolique et le proscrit. Certaines traditions monastiques du Haut Moyen Âge, notamment, estiment que le rire est « la pire chose qui puisse sortir d'une bouche humaine »[14]. Comme l'explique Sylvie Paillat (2019), si être en présence de Dieu suppose une foi profonde et une ascèse, alors « la nature physiologique, souvent disgracieuse, excessive et transgressive du rire, tout autant que sa fonction démystificatrice, ne pourrait qu'être antimystique, c'est-à-dire profane et athée ».

Face à ce rire empreint d'impiété et de négation, Dieu aurait toutes les raisons de se mettre en colère. Certains analystes pensent qu'il l'est effectivement (Ochs, 2005 : 114). D'autres, cependant, ont une opinion différente. Kirsch, par exemple,

---

[14] Selon saint Basile (357-358), « le Seigneur a condamné ceux qui rient dans cette vie, et il est donc évident qu'il n'y a jamais pour le chrétien de circonstances où il puisse rire ». La raison de cette condamnation, explique Gilbert Diatkine (2006), « est que la lecture la plus attentive des Évangiles ne surprend jamais Jésus en train de rire ».

estime que Dieu est d'abord déconcerté : « Le Dieu omniscient et omni-voyant d'Israël est tellement surpris qu'il se voit contraint de demander pourquoi [Sarah] rit de sa promesse solennelle ». Toutefois, au lieu de laisser éclater sa colère punitive, le Seigneur se retient et « répond seulement avec irritation » (2001 : 8). En fin de compte, Dieu pardonne à Sarah ses doutes et son irrévérence. Il ne revient pas sur son annonce, mais lui accorde la grâce d'enfanter un fils, qu'il nomme Isaac, un nom qui perpétue le souvenir du rire.

Le rire de concupiscence face à l'annonce voluptueuse

Une troisième manière d'apprécier le rire de la femme d'Abraham est d'y discerner l'irruption d'une concupiscence réprimée. Ce point de vue considère que le rire de Sarah dissimule une frustration accumulée, une tension intérieure liée à des désirs longtemps refoulés. À l'annonce de la nouvelle bouleversante, le rire devient l'exutoire d'émotions complexes, mêlant la surprise, une certaine amertume, et le désir de redécouvrir le plaisir charnel : « Après mon déclin, j'aurai donc de la jouissance, et mon seigneur est vieux ! ». Le terme hébreu *'edna*, qui est traduit par jouissance, signifie volupté, délice et joie, avec une subtile connotation sexuelle. Si Sarah rit donc en apprenant qu'elle va porter un enfant, c'est qu'elle est émue à l'idée de connaître enfin une union charnelle comblée avec son mari (Schneider, 2008 : 31). « Le premier rire biblique, estime également Daniel Sibony (2010), est celui d'un couple où chacun rit de son côté à l'annonce d'un érotisme incongru et fécond ».

Cette interprétation trouve une justification appropriée dans la théorie freudienne du rire. Selon Freud, le rire fonctionne comme un mécanisme de décharge, qui permet de surmonter des conflits intérieurs et de libérer des émotions sexuelles refoulées, notamment des pulsions génitales féminines censurées. Cette libération et la diminution de la tension psychique qui l'accompagne sont à l'origine du plaisir associé au rire. Désir sexuel et rire sont ainsi étroitement liés, comme le prouve d'ailleurs l'expérience du « plaisir cutané du chatouillement », qui constitue une transition entre les deux (Diatkine, 2006)[15].

Si le rire de Sarah est alors jugé inconvenant, c'est précisément parce qu'il est empreint d'érotisme féminin. Il donne libre cours à une concupiscence contraire au sérieux, au recueillement et à la concentration spirituelle qu'exige l'annonce solennelle de la promesse. Il marque une manifestation de plaisir génital féminin incompatible avec la moralité virile que défendent les visiteurs célestes, le Seigneur, et sans doute Abraham même : « Cette excitation "féminine" serait contradictoire avec le narcissisme phallique incarné par des ancêtres respectables, un dieu vivant, ou un gentleman » (Diatkine, 2006).

Dans ces conditions, il serait légitime que le Seigneur rejette le rire de Sarah et punisse son impudicité. Pourtant, Dieu n'insiste pas outre mesure. Il interpelle la femme, la confronte à la réalité de son cœur et aux lascivités qui l'habitent, mais ne la châtie pas. Il fait abstraction de la faiblesse de sa chair et lui accorde son pardon. Sarah pense à la satisfaction charnelle d'un plaisir éphémère, mais Dieu lui offre la joie pure, radieuse et durable d'Isaac.

La convergence des lectures

Comme nous venons de le voir, le rire de Sarah a constitué un riche terrain d'exploration pour les exégètes et les théologiens. Les différentes interprétations qu'il a suscitées ont mis en lumière différentes facettes du personnage de Sarah, ses profondeurs psychologiques et les tensions internes

---

[15] Dans son traité portant sur *Les passions de l'âme*, Descartes fait entrer le plaisir sexuel dans la catégorie du « chatouillement », au sein des différentes sortes de « joies » (1649 : 78, art.53).

qui l'animent. Ces contributions nous seront utiles dans la suite de notre étude.

Pour certains, le rire de Sarah exprime le soulagement et la joie d'une femme qui, après des années de stérilité, apprend que son vœu de maternité va être enfin comblé. Pour d'autres, il traduit une incrédulité teintée d'amertume, une réaction sceptique face à l'annonce d'un événement qui défie les lois de la nature et les limites du corps humain. Enfin, certains voient dans le rire de Sarah une dimension de concupiscence réprimée, une allusion à des désirs sexuels longtemps refoulés : la promesse d'un enfant réveille en elle une sensualité endormie et une aspiration à revivre des plaisirs corporels qu'elle pensait avoir perdus à jamais.

Contrairement à la plupart des analystes, nous pensons qu'il n'est pas pertinent de privilégier une explication en excluant les autres. Le rire de Sarah est complexe et ambivalent : il marque un moment narratif crucial et met en lumière les dualités d'une âme humaine tiraillée entre joie et amertume, peur et audace, réserve et concupiscence, espoir et incrédulité. Le rire de Sarah peut être considéré comme une métaphore de la complexité des réactions humaines face à l'annonce des promesses divines.

Il convient toutefois de noter que les interprétations existantes, bien qu'elles insistent sur différentes facettes du rire de Sarah, convergent toutes sur deux points essentiels. D'une part, elles attribuent au rire une valeur négative : elles y voient soit une anticipation indue de la joie divine, soit l'expression d'une incrédulité sacrilège, soit encore la manifestation de désirs sensuels indécents et contraires à l'expérience de Dieu. Toutes supposent que le Seigneur désapprouve le rire de la femme d'Abraham.

D'autre part, les interprétations convenues s'accordent à dire que Dieu ne tient pas rigueur à Sarah, mais lui pardonne ses faiblesses, sa joie prématurée, son incrédulité offensante et sa concupiscence indécente. Si Dieu réprime le rire de

Sarah, c'est pour lui en offrir un autre, plein et vivifiant. En faisant éclore en son sein stérile la promesse d'une descendance bénie, il lui permet de se réjouir véritablement.

La convergence des interprétations sur la connotation négative du rire de Sarah et sur la réaction miséricordieuse de Dieu s'accorde avec une vision commune du monde et du divin. Dieu, figure de compassion et de compréhension face à la fragilité humaine, ne se limite pas à condamner le doute ou la faiblesse ; il les transforme en sources de bénédiction et de renouveau. Le rire de Sarah, bien qu'initialement perçu comme inapproprié ou irrespectueux, est finalement transfiguré par l'accomplissement de la promesse divine.

Ainsi, malgré quelques voix discordantes sur lesquelles nous reviendrons, les commentateurs considèrent que la femme d'Abraham peut rire pleinement au terme de son histoire. Dans l'éclat du miracle, Sarah peut se réjouir et laisser sa joie résonner à travers les corridors du temps. Dans un cri d'enthousiasme qui fait référence à son fils Isaac (*Yitzhak,* dont le nom dérive de la racine « rire »), elle s'exclame : « Dieu m'a fait un rire : quiconque l'apprendra rira [*yitzhak*] à mon sujet » (21,6).

Xavier Tillette (2003) explique en ce sens que « Sarah peut rire et faire rire, et dire que c'est Dieu d'abord qui l'a fait rire, parce que la vie a réussi, contre toute vraisemblance et toute raison, plus forte que l'âge et la vieillesse, plus forte que la peur et le déni qu'engendre la peur, et qu'elle a un nom de garçon circoncis, cette vie, Isaac. Ainsi passe le rire, du doute et de l'insolence, de la peur et du déni, à la reconnaissance, à sa vérité qui assure la réalité, la réussite de la vie. Et la parole change de camp. Elle n'est plus seule parole de Dieu qui fait trembler. Elle est aussi parole de femme, d'une très vieille femme qui a ri et rit encore dans sa vieillesse et de sa vieillesse, de ce qui lui arrive, et surtout de ce fils impossible qui est là, avec son nom, son histoire, les récits qui nous permettent de rire à notre tour, sur le conseil – sinon l'ordre, maintenant – de Sarah ».

Si nous pouvons rire avec Sarah, du rire de Sarah, d'un rire franc et confiant, c'est parce que nous savons que rien de grave ne s'est produit et que tout s'est bien terminé. L'exil d'Abraham, les péripéties de son voyage, les déchirements de son couple, l'attente de l'enfant tant désiré, tout cela a été surmonté et guéri par l'intervention divine. Notre rire peut donc être d'autant plus assuré que l'histoire d'Abraham, et les drames répétés qu'elle met en scène, nous montrent qu'une providence pleine de sollicitude veille sur le destin.

Ainsi, toutes les interprétations existantes, malgré leurs différences parfois fondamentales, véhiculent une même compréhension édifiante et optimiste du récit biblique. Toutes voient la lumière de la providence divine dissiper les ombres de la jalousie, de l'incrédulité et de la concupiscence qui entachent la destinée d'Abraham et des siens. Toutes voient les errances, les iniquités et les turpitudes des protagonistes se fondre et s'effacer dans la perspective de la rédemption.

En fin de compte, l'épopée d'Abraham résonne tel un chant d'espoir, rappelant à l'humanité qu'au cœur des ténèbres, la lumière de la grâce divine brille toujours. Tout comme Dieu a offert à Abraham et à Sarah le miracle d'Isaac, et à Isaac la bénédiction de conserver le rire éclatant de l'enfance, sa providence bienveillante guidera chacun vers la joie des promesses accomplies.

- III -

Les problèmes posés par la lecture convenue de l'histoire d'Abraham

Abraham reçoit le titre de « père des croyants », parce qu'il est réputé avoir établi les fondements d'une relation spirituelle avec le divin, qui transcende les époques et les cultures. Son exemple de vie et d'obéissance à Dieu en ferait une figure universelle et intemporelle, à laquelle toutes les nations devraient adhérer.

Cependant, à la lumière de la « lecture convenue », le personnage d'Abraham découvre des aspects sombres qui contredisent le titre glorieux et l'exemplarité qui lui sont attribués. Sa foi en Dieu semble se confondre avec une attente de miracles qui confine à la superstition. Sa vision de l'altérité sexuelle est dévalorisante pour la femme. Enfin, sa conception de l'alliance est exclusiviste et propice au chauvinisme ethnique et religieux. Ces traits, difficilement contestables dans le cadre des interprétations actuelles de la Genèse, mettent en question le caractère fondateur et exemplaire de la figure d'Abraham.

Une vision superstitieuse du divin

L'histoire d'Abraham, telle qu'elle est généralement inter-prétée, déploie ses effets pour nous guider vers une foi en l'extraordinaire. Elle enseigne que le divin, non seulement se manifeste dans notre quotidien, à travers des rencontres et des révélations qui nous dirigent, nous bouleversent et nous régénèrent, mais qu'il peut également intervenir dans nos vies par des actions prodigieuses, transcendant les lois de la nature et les chaînes de cause à effet.

L'exaltation du surnaturel

L'arrivée miraculeuse d'Isaac, le sauvetage inespéré d'Ha-gar et d'Ismaël dans le désert, ou encore la délivrance de Sarah des mains d'Abimélek et de Pharaon, témoignent du caractère extraordinaire et imprévisible de l'intervention divine. C'est en s'affranchissant des lois et des règles ordinaires du monde que le Dieu d'Abraham révèle pleinement sa puissance.

En soulignant que Dieu peut transcender les processus de la nature pour accomplir son dessein de rédemption, le récit de la Genèse nous prépare au miracle suprême de la résur-rection. La venue d'Isaac ne brille-t-elle pas tel un témoignage éclatant de la puissance divine, capable de donner la vie et de ressusciter les morts ?

Cependant, en mettant en avant des miracles généreux et apparemment immérités, l'histoire d'Abraham risque de nous faire perdre de vue l'immanence de Dieu dans la nature, son intimité avec l'ordre de l'univers, et l'affinité de sa volonté avec les rouages de la création. Elle risque de nous induire en erreur sur la réalité de la grâce de Dieu, de son pardon et de sa résurrection. En effet, si Dieu devait accomplir son œuvre rédemptrice indépendamment des contraintes matérielles et des mérites terrestres, selon des procédés qui échappent à la raison humaine, comme il le fit pour Abraham dans la splendeur de sa vieillesse avec Isaac, alors on serait en droit de croire que la grâce se répand sans effort, que le pardon est accordé sans contrition, et que la résurrection survient sans qu'aucune quête de salut ne l'ait précédée.

De telles convictions sont pour le moins suspectes et dangereuses. Certes, il est nécessaire de croire que Dieu intervient dans l'histoire pour transformer les déboires de l'homme et ses déroutes en possibilités de salut, comme il le fait dans l'histoire d'Abraham. De même, il peut être précieux de comprendre l'élection divine, à la lumière du récit abrahamique, comme une stratégie visant à réintroduire la bénédiction dans une humanité défigurée par la malédiction. Mais est-il pour autant acceptable de penser que le dessein salvateur de Dieu puisse se réaliser sans exiger les efforts intenses de l'homme, contre toute espérance humaine possible, et à l'encontre des réalités de l'ici-bas ? Une telle conception du monde et de la foi peut-elle vraiment avoir un sens et une pertinence pour nous, qui sommes confrontés quotidiennement aux dures réalités de la déchéance ? Croire en une providence divine qui opère indépendamment de notre engagement et de notre responsabilité peut-il nous apporter une véritable consolation et donner une orientation éthique à notre vie ?

« La vie racontée d'Abraham, se demande à juste titre Marie Balmary[16], avec ses épreuves, ses passages, est-ce une autre vie que notre vie ? L'intervention divine l'arrache-t-elle à notre chemin d'humain ? Nos épreuves à nous, nos crises et nos croissances, qu'ont-elles de commun avec ce récit fondateur ? Est-il un parcours pieux, une aventure modèle, un chemin initiatique du devenir conscient ? » (1995, 133).

---

[16] Marie Balmary est une psychanalyste française connue pour ses travaux pionniers dans l'interprétation des textes bibliques à la lumière de la psychanalyse. À travers ses œuvres, elle réexamine des récits fondateurs de la Bible, proposant des lectures innovantes sur des thèmes tels que le sacrifice d'Isaac, le jardin d'Éden ou la relation entre les sexes. Elle explore également le lien entre la foi, le symbolisme religieux et la dynamique psychique.

Balmary interroge plus particulièrement la stérilité de la femme d'Abraham et sa guérison miraculeuse : « Qu'est-ce que je peux entendre à la stérilité de Sarah ? Si la Bible est un livre de salut pour l'humain, elle doit me fournir un signe, une trace permettant de comprendre de quelle maladie souffre celle qui va être guérie. Sinon l'intervention divine est purement arbitraire, la guérison purement cadeau qui n'ouvre aucun sens » (1995 : 139).

Bien que suspecte, la rhétorique du surnaturel semble néanmoins cruciale dans le dessein de la Genèse, car elle soutient et justifie la foi d'Abraham en l'absurde et l'espérance qu'il manifeste envers et contre tout.

La foi en l'absurde

En effet, Abraham donne l'impression de croire de façon inconditionnelle, irréfléchie, sans considération critique, éthique ou matérielle. Sans mot dire, dès la première annonce, il obéit à la parole divine, quitte tout et part sur les routes. Puis, il attend, jusqu'à atteindre l'âge de cent ans, pour recevoir l'enfant que Dieu lui avait promis : « Espérant contre toute espérance, nous dit Saint Paul, il a cru ; ainsi est-il devenu le père d'un grand nombre de nations, selon cette parole : Telle sera la descendance que tu auras ! ». Et Paul de poursuivre : « Il n'a pas faibli dans la foi quand, presque centenaire, il considéra que son corps était déjà marqué par la mort et que Sarah ne pouvait plus enfanter. Devant la promesse de Dieu, il n'hésita pas, il ne manqua pas de foi, mais il trouva sa force dans la foi et rendit gloire à Dieu, car il était pleinement convaincu que Dieu a la puissance d'accomplir ce qu'il a promis. Et voilà pourquoi il lui fut accordé d'être juste » (Rm 4,18-22)[17].

---

[17] Karl Barth (1956) reprend à son compte l'argumentaire de St Paul : « Abraham dut espérer contre toute espérance, c'est-à-dire contre toute espérance humainement possible, en l'accomplissement de ce que Dieu lui promettait. Il dut accepter dans la parole de Dieu une promesse qui

Comme le soutient à son tour Søren Kierkegaard, l'idéal de la foi qu'incarne Abraham est celle d'une croyance pure et inconditionnelle, qui « ne doute pas » et croit en « l'absurde ». Cette foi repose sur la seule conviction que Dieu possède la toute-puissance nécessaire pour accomplir ce qu'il a promis et qu'il peut « réaliser l'absurde par un miracle » (1946, 22).

Bien que louable dans son dévouement, une telle foi comporte des risques évidents. Ceux qui s'y abandonnent ont tendance à minimiser l'importance de la causalité matérielle, des valeurs terrestres et de la rationalité du monde. Ils négligent l'analyse lucide de la réalité, la recherche de solutions ancrées dans le tangible, et l'impératif de fonder leurs choix sur des preuves concrètes et des méthodes éprouvées. De même, ils délaissent les efforts nécessaires de confrontation fraternelle, de dialogue intérieur et de questionnement moral. Plutôt que d'affronter les défis avec responsabilité, en pesant les implications éthiques de leurs actions, et en puisant dans la productivité de la vie et du langage, ils se réfugient dans l'attente d'une intervention providentielle et se perdent dans des consolations illusoires. De tels comportements ne sauraient favoriser le renouveau ni

---

lui était donnée sans être soutenue par quelques réalités ou vraisemblances humainement évidentes. C'est ce qu'il a fait. (…) Lorsqu'il reçut la promesse, il ne vit rien d'autre devant lui que son âge et celui de Sarah. Qu'il n'ait pratiquement pas tenu compte de ces faits, qu'il n'ait établi aucune comparaison entre ce qu'il voyait et la parole de Dieu qu'il entendait, qu'il ne se soit pas mis à supputer des chances de réalisation de la promesse, mais qu'il ait tout simplement écouté ce qui lui était dit, qu'il ait considéré son existence en face de la parole de Dieu, sans émettre de doute, sans se placer au double point de vue "de la foi" et "du monde" – car ce dualisme est l'essence même du doute –, qu'au contraire il ait tout jugé uniquement du seul point de vue dont on pouvait penser que ce n'en est pas un, qu'il n'ait pas considéré l'incrédulité comme une seconde possibilité, mais seulement comme l'impossibilité exclue par définition, voilà ce qui fit la solidité de la foi qui lui fut imputée à justice ».

contribuer au bien-être ; ils risquent d'accentuer les oppressions, les illusions et les déficiences du monde ancien.

Le modèle abrahamique de la foi, tel qu'il est communément présenté, est d'autant plus insidieux que notre monde est en proie à des crises écologiques et sociales sans précédent. Privilégier la transcendance au détriment de l'histoire, parier sur le surnaturel en négligeant la nature, et exalter l'espérance contre toute raison, ne peut que renforcer les attitudes de résignation, d'abandon et de fuite en avant qui prévalent aujourd'hui chez nombre de nos contemporains. En effet, si le salut pouvait surgir miraculeusement à la dernière minute, en dépit de toutes les réalités, comme dans l'histoire d'Abraham ; si la vie pouvait renaître dans les terres désolées comme l'enfant est né du sein stérile de Sarah, alors pourquoi se soucier des catastrophes imminentes ? Pourquoi redoubler d'efforts et s'engager avec détermination en vue d'un monde juste et durable ? Une solution, un remède, ne pourraient-ils pas émerger d'une manière que nous ne soupçonnons même pas ?

Il serait erroné de penser que les dangers dénoncés ici ne concernent que les croyants, ou que l'histoire d'Abraham et son interprétation n'ont plus d'influence sur nos façons de penser et de vivre. En réalité, la superstition du surnaturel continue d'imprégner notre culture moderne. Elle se manifeste notamment, sous une forme profane, dans l'optimisme technologique et dans la foi en la toute-puissance de la science. Alors que les pertes de biodiversité sont largement irréversibles, et qu'aucune technique ne pourra recréer la richesse et la complexité des écosystèmes perdus, beaucoup de nos contemporains persistent à croire que les dommages environnementaux pourront être compensés, ou effacés, par des innovations technologiques sophistiquées. Cette illusion techno-optimiste constitue aujourd'hui le principal vecteur de fuite de responsabilité et de déni en matière d'écologie. Dans la persistance de ce préjugé, et par son emprise sur les esprits, on pourrait légitimement discerner l'influence lointaine de l'histoire d'Abraham et de la foi dans le surnaturel qu'elle véhicule.

Pour éviter tout malentendu, il est essentiel de préciser qu'il n'est aucunement question pour nous de rejeter les considérations théologiques honorées à travers la figure d'Abraham par Saint Paul, les Pères de l'Église, Kierkegaard, Karl Barth et tant d'autres. Dans la perspective de la foi, il est crucial d'exalter la toute-puissance de Dieu et sa fidélité envers ses promesses, de souligner la liberté de son action, la gratuité de sa bienveillance, l'éminence de sa révélation et l'abondance de sa grâce. Sans le secours de Dieu, l'homme resterait perdu dans les méandres de son égarement, incapable d'inaugurer une vie nouvelle.

Cependant, il convient de reconnaître l'insuffisance de cette approche prédicative et d'en dénoncer l'unilatéralisme. Ce qui manque à l'histoire d'Abraham, telle qu'elle est comprise de nos jours à travers les lectures qui en sont faites, ce sont les considérations contraires, tout aussi nécessaires, de la crainte de Dieu, de l'immanence du divin, du salut par les œuvres et de l'inconnu eschatologique. Seules ces perspectives permettent de conjurer les risques mortels de l'irresponsabilité, en nous rappelant que le succès procède avant tout de l'effort volontaire, que la vertu se forge par une discipline résolue, que la piété est le fruit d'un choix profondément ancré, que le pardon n'est jamais aussi assuré que lorsqu'il est accompagné d'un repentir sincère, et que la résurrection, loin d'être une simple attente eschatologique, est une renaissance qui doit être recherchée ici et maintenant. Tant que ces dimensions n'émergeront pas avec force dans le récit abrahamique de la Genèse, on ne pourra pas affirmer, comme le fait Kierkegaard, qu'Abraham est « l'étoile qui guide et sauve l'angoissé » (1946, 18).

Une conception phallocrate du monde

La seconde grande objection que l'on peut légitimement formuler à l'égard du récit génésiaque, tel qu'il est couramment interprété, réside dans le caractère misogyne et patriarcal du personnage d'Abraham. Cette critique s'inscrit dans un ensemble plus large d'accusations reprochant aux Écritures bibliques de véhiculer une image dégradante et hostile envers les femmes.

Dans son article phare de 1973, *Depatriarchalizing in Biblical Interpretation*, Phyllis Trible affirme qu'un « nombre considérable de preuves accablent la Bible en tant que véhicule de la suprématie masculine ». L'auteur estime que les femmes, ainsi qu'elle-même, se trouvent confrontées à un dilemme poignant : ou bien servir « le Dieu des pères », au risque d'être assujetties à des modèles d'asservissement préconisés par l'Écriture, ou alors embrasser « le Dieu de la fraternité », en abandonnant la religion patriarcale pour revendiquer leur liberté sans modèle préétabli.

Toutefois, Trible va au-delà de cette alternative en refusant de considérer purement et simplement la Bible comme dépourvue d'importance ou comme instrument d'oppression. Elle ne se contente pas des interprétations traditionnelles des Écritures et lance un « défi herméneutique » : relire la Bible sans les prismes déformants de la tradition masculine, « sans les œillères de l'homme israélite ou de Paul, Barth, Bonhoeffer et tant d'autres », en s'efforçant de traduire la foi abrahamique de manière exempte de sexisme (1973 : 30-32).

Depuis lors, de nombreux travaux critiques ont entrepris de revisiter la Bible dans une perspective moins préjudiciable aux femmes. Diverses stratégies herméneutiques ont été développées, visant non seulement à approfondir la compréhension des textes sacrés, mais également à transformer, par le biais de l'interprétation, la perception de soi des femmes et les schémas culturels du régime patriarcal qui les maintiennent en situation d'oppression.

Cependant, malgré les avancées réalisées par les études contemporaines, le défi lancé par Phyllis Trible demeure d'actualité. L'histoire d'Abraham, même réexaminée à la lumière des relectures féministes, conserve un caractère foncièrement misogyne et patriarcal. La femme y reste captive de la domination masculine, cantonnée à son rôle ancestral de génitrice, de gardienne du foyer et de mère nourricière – des fonctions qui, bien que respectables, la limitent et la définissent de manière restrictive.

Ainsi, Sarah fait son entrée dans le récit lorsque son demi-frère Abraham, conformément aux lois ancestrales, décide de l'épouser, sans qu'elle puisse véritablement exprimer son avis (ch. 11). Incapable de lui donner une descendance, elle ne voit d'autres solutions que de suivre les coutumes de son époque et d'offrir sa servante à son époux pour satisfaire ses désirs de paternité. Sarah n'est pas reconnue en tant qu'individu. Réduite à une fonction procréatrice, elle est promptement remplacée par une autre, au mépris même des liens sacrés du mariage, dès lors qu'elle échoue à remplir son rôle de génitrice (ch. 16).

Plus tard, lorsque des messagers célestes se présentent à leur porte, Abraham charge sa femme de préparer le pain de l'hospitalité. Sarah s'exécute, car il est évident que les tâches domestiques constituent son unique lot. Une fois le repas servi, elle demeure en retrait, exclue des échanges qui se tissent autour de la table, alors même que la discussion évoque son destin, sa maternité et son avenir. Les décisions la concernant se prennent sans son avis, et le Ciel reste muet face à cette injustice. Cependant, lorsque ses oreilles captent des conversations concernant sa stérilité, et qu'un rire lui échappe, les messagers, et même la voix divine, la réprimandent. La femme n'aurait-elle pas le droit de laisser éclater sa vérité, aussi amère soit-elle (ch. 18) ?

Dans la suite du récit, l'ombre qui pèse sur la femme s'assombrit davantage. Au cœur des tragédies de Sodome, Lot, dans un geste désespéré, offre ses propres filles en pâture à une horde de brutes pour préserver son honneur et celui de ses hôtes. Il les réduit à de simples objets sexuels, les sacrifiant comme s'il s'agissait de biens marchands dont il peut disposer à sa guise. Cette conduite, pour autant, ne soulève pas la réprobation des envoyés divins. Au contraire, ces derniers préservent Lot du fléau qui s'abat sur Sodome, comme pour témoigner leur gratitude envers lui.

De son côté, Abraham ne se montre guère plus honorable. Lorsqu'il arrive sur les terres d'Abimélek, et qu'il craint que les habitants du pays ne convoitent sa femme et ne lui fassent du mal, il décide, afin de garantir sa propre sécurité, de faire passer son épouse pour sa sœur. Deux décennies auparavant, alors qu'il fuyait la famine qui sévissait au pays de Canaan pour se réfugier en Égypte, il avait déjà eu recours à ce même subterfuge. Dans les deux cas, Dieu déjouera les manigances d'Abraham. Abimélek et Pharaon le réprimanderont. Toutefois, Abraham n'est pas condamné pour avoir traité sa femme comme un objet ou pour avoir cherché à la troquer comme une marchandise, mais uniquement pour avoir menti et trahi le pacte marital.

Enfin, le fait que Sarah disparaisse du récit génésiaque, après le sevrage d'Isaac au chapitre 21, jusqu'à sa mort au chapitre 23, plus de trente ans plus tard, ne prouve-t-il pas que sa fonction se limite à assurer la perpétuation de la lignée masculine ? De même, Hagar disparaît dans les étendues désertiques au chapitre 21, dès lors que la promesse de descendance est renouvelée à Ismaël. Une fois leur devoir accompli, Sarah et Hagar semblent reléguées à l'oubli, l'attention du lecteur étant alors exclusivement dirigée vers Abraham, Isaac et Ismaël.

Cet ensemble de traits, et la vision profondément injuste qu'ils véhiculent à l'égard des femmes, n'ont pas été véritablement contredits par les relectures féministes. Celles-ci ont certes réussi à démontrer que le Dieu d'Abraham ne peut se satisfaire pleinement du comportement méprisant de ses élus, et que les femmes, telles que Sarah ou Hagar, qui luttent avec courage, bénéficient du soutien divin ainsi que de certains privilèges qui leur auraient été refusés dans leur société patriarcale. Cependant, dans l'ensemble, la trame narrative établie par les interprétations traditionnelles reste intacte, et le texte biblique continue de projeter l'image d'un Dieu patriarcal et d'une femme reléguée à une condition inférieure et assujettie.

À l'évidence, notre intention n'est pas de porter un regard anachronique sur le texte de la Genèse, en condamnant des comportements réprouvés aujourd'hui mais qui étaient acceptés à l'époque de sa rédaction. Le problème ne réside pas dans le fait qu'Abraham se conforme initialement aux normes phallocratiques de son époque, mais dans son refus de les remettre en question et de les faire évoluer. Tout au long de son parcours avec Dieu, Abraham continue à adopter des pratiques injustes envers les femmes : il cautionne le règne exclusif de l'homme et n'amorce aucune évolution notable en faveur de l'émancipation féminine. Dans ces conditions, le texte biblique ne peut que servir à perpétuer des schémas d'oppression à l'encontre des femmes et à justifier des structures sociales qui les maintiennent dans une position subordonnée.

Il convient aussi de bien comprendre que l'objection soulevée ici n'intéresse pas uniquement les femmes et leur droit légitime à l'égalité, mais qu'elle touche à des enjeux plus larges et éminemment actuels. En effet, nous savons – grâce notamment aux penseurs écoféministes – que la domination de la femme et celle de la nature sont les manifestations entremêlées d'un même processus culturel d'oppression. Les mécanismes par lesquels l'homme asservit la femme et ceux par lesquels l'être humain exploite la nature sont fondamentalement analogues. Ces agencements se renforcent et se confirment les uns les autres, constituant ce que Karen Warren

(2009) appelle un « cadre conceptuel d'oppression », un ensemble de croyances, de valeurs, d'attitudes et d'hypothèses fondamentales, qui rendent les rapports de domination possibles et les justifient. Tant que ce cadre conceptuel n'aura pas été déconstruit et dépassé, il sera difficile de défaire les rapports d'exploitation sur lesquels s'est nouée la crise écologique actuelle, et notre monde aura du mal à sortir de l'impasse civilisationnelle dans laquelle il se trouve. Dans ce contexte, il devient essentiel de chercher à lire l'histoire d'Abraham, et d'explorer de nouvelles voies de compréhension, sans les prismes déformants de la tradition masculine.

Une compréhension exclusiviste de l'alliance

La troisième grande objection que l'on peut opposer au récit de la Genèse, tel qu'il est raconté dans sa forme traditionnelle, concerne la nature exclusive de l'alliance par laquelle Dieu bénit Abraham et sa descendance et leur confère les terres de Canaan en héritage perpétuel.

La configuration abrahamique de l'alliance pose un double problème. D'une part, elle implique l'attribution d'une région déjà habitée. D'autre part, elle privilégie une lignée au détriment des autres. Qu'adviendra-t-il alors des populations autochtones dont les terres sont promises à de nouveaux occupants ? Et qu'en sera-t-il des autres lignées et familles humaines qui se trouvent exclues de l'alliance divine ?

Le cadrage exclusiviste de la lecture convenue

Le pacte de Dieu est d'abord scellé avec Abraham (ch. 15). Ses fils, Ismaël et Isaac, reçoivent tous deux la promesse d'une descendance innombrable (ch. 16 et 17). Cependant, lorsque Sarah voit Hagar enceinte, elle refuse d'accepter l'enfant que celle-ci porte en son sein et l'humilie jusqu'à la faire fuir (ch. 16). Plus tard, lorsqu'elle surprend Isaac jouant avec Ismaël, et qu'elle craint que ce dernier ne revendique la succession de son père en tant qu'aîné, elle entreprend de nouveau de le chasser pour garantir à son propre fils l'héritage d'Abraham (ch. 21).

Dieu semble approuver ce choix, puisqu'il ordonne à Abraham de suivre la volonté de sa femme. N'avait-il pas déjà déclaré que c'est avec Isaac qu'il établira son alliance : « J'établirai mon alliance avec lui, comme une alliance éternelle avec sa descendance après lui ». En réponse aux inquiétudes d'Abraham concernant Ismaël, il avait précisé : « Au sujet d'Ismaël, je t'ai bien entendu : je le bénis, je le ferai fructifier et se multiplier à l'infini ; il engendrera douze princes, et je ferai de lui une grande nation. Quant à mon alliance, c'est avec Isaac que je l'établirai, avec l'enfant que Sarah va te donner l'an prochain à pareille époque » (17,19-21). Ces versets affirment que c'est uniquement avec la filiation d'Abraham issue d'Isaac que l'alliance est scellée. N'est-ce donc pas à cette descendance que doit revenir en priorité la terre promise, ce pays qui s'étend « depuis le Torrent d'Égypte jusqu'au Grand Fleuve, l'Euphrate » (15,18) ?

Dans cette présentation, la descendance élue se distingue doublement : par le privilège d'un pacte exclusif avec Dieu, et par son origine miraculeuse, exempte de toute impureté, puisque Isaac naît du sein d'une femme stérile et ménopausée.

En revanche, les descendants d'Ismaël, bien que bénis, ne sont que les enfants d'une servante égyptienne que Dieu incita Abraham à renvoyer. Quant aux peuples autochtones de la région, énumérés au chapitre 10 – « les Sidoniens, les Hittites, les Jébusiens, les Amoréens, les Guirgasiens, les Héviens, les Arkiens, les Siniens, les Arvadiens, les Tsemariens et les Hamathiens » –, ils sont les descendants maudits de Canaan, l'un des fils de Cham, lui-même fils de Noé. Rappelons qu'après l'épisode de l'ivresse de Noé, où Cham voit la nudité de son père et en informe ses frères, Noé, en se réveillant et en apprenant ce qui s'est passé, maudit Canaan, le fils de Cham : « Maudit soit Canaan ! Qu'il soit l'esclave des esclaves de ses frères ! » (9,25-27). Ainsi, les peuples habitant la terre promise à Abraham sont associés, par leur filiation à Canaan, au péché et à la transgression. De même, les Moabites et les Ammonites, descendants de Lot, et voisins d'Israël, sont réputés être nés de l'inceste, et semblent également soumis à une malédiction irrévocable (ch. 19).

Les lectures convenues de l'histoire d'Abraham accréditent ainsi l'idée que l'alliance divine et la terre de Canaan seraient réservées à une lignée spécifique, dont l'origine transcendante et pure se distingue nettement des autres filiations.

Notre père Abraham ?

Comment peut-on concilier le fait que l'alliance de Dieu soit scellée avec une descendance en particulier, avec la proclamation selon laquelle toutes les nations sont bénies à travers Abraham ? Est-il possible d'harmoniser les promesses faites au patriarche avec des valeurs d'inclusion et de pluralité ? En quoi la naissance d'Isaac peut-elle être perçue comme une ouverture vers une bénédiction universelle ?

Le christianisme a tenté de surmonter ces difficultés en reconnaissant en Jésus-Christ le descendant promis à Abraham par Isaac, et en présentant la proclamation de l'Évangile aux nations comme l'accomplissement de la promesse faite au patriarche. De cette façon, le christianisme transcende les limites de l'interprétation littérale et confère à l'alliance divine une dimension universelle.

Dans le cadre chrétien, la filiation est comprise en un sens spirituel. Tous ceux qui adhèrent à la foi d'Abraham en la toute-puissance, la fidélité et la constance de Dieu, pleinement révélées et rendues efficaces en Jésus-Christ, peuvent se réclamer de la descendance spirituelle du patriarche. En croyant en Dieu qui ressuscita Jésus, de la même manière qu'Abraham crut en Dieu qui lui donna Isaac, les hommes s'inscrivent dans la postérité de l'alliance.

Ainsi, c'est la venue du Christ qui ouvre véritablement l'alliance divine à l'universalité et concilie les aspects exclusifs du récit abrahamique avec les idéaux de pluralité et d'inclusion œcuménique. À travers le Christ, le plan divin dépasse les particularismes, invitant tous les peuples à entrer dans la filiation spirituelle d'Abraham. Dès lors, le patriarche peut être célébré non seulement comme l'ancêtre d'un peuple élu, mais comme le père de tous les croyants à travers les âges. Sa postérité devient effectivement comparable aux étoiles du ciel en nombre et en bénédictions.

Cependant, le tour de force opéré par le christianisme ne vient pas à bout de l'objection formulée à l'encontre de l'exclusivisme d'Abraham. Il la radicalise plutôt, dans la mesure où un fossé apparaît entre le Père universel et aimant de Jésus, tel qu'il est professé par le christianisme, et le Seigneur patriarcal et archaïque d'Abraham, tel qu'il se dégage des interprétations traditionnelles de la Genèse. La question reste donc ouverte de savoir en quoi Abraham mérite d'être appelé l'ami de Dieu, le père de la multitude des peuples, celui par lequel les familles des nations seraient bénies.

L'interprétation sioniste

En opposition aux visions universalistes, le sionisme défend une interprétation strictement littérale du récit abrahamique. Il soutient que Dieu, ayant établi son alliance exclusivement avec Isaac, a réservé la terre de Canaan aux seuls descendants d'Isaac, c'est-à-dire aux Juifs. Comme le souligne Albert de Pury (1976), les Juifs sionistes « sont profondément convaincus que la Samarie, la Judée et Jérusalem, ces terres promises jadis par Dieu aux patriarches hébreux, sont leur propriété légale. Les droits qu'ils revendiquent sur ces territoires sont, à leurs yeux, d'origine divine et donc imprescriptibles ». Les sionistes tirent de l'histoire d'Abraham un mandat divin justifiant l'expulsion des Palestiniens de leurs terres et ordonnant l'installation des Juifs du monde entier dans un État juif en Palestine.

La théologie du sionisme va encore plus loin. Des penseurs religieux, comme Abraham Isaac Kook, premier grand rabbin ashkénaze en Palestine sous le mandat britannique, soutiennent que le retour des Juifs en Terre sainte est une étape annonciatrice de la venue du Messie. En inscrivant le projet colonial sioniste dans un cadre théologique rédempteur, ils s'appuient sur la promesse abrahamique de bénédiction universelle pour lui conférer une légitimité spirituelle.

Ces théories, issues de lectures fondamentalistes de la Bible, exercent une influence qui dépasse le cadre du judaïsme. Elles touchent une grande partie du christianisme évangélique, dont de nombreux adeptes voient dans le rétablissement d'Israël un signe prophétique de la fin des temps et du retour imminent de Jésus-Christ. Ces interprétations alimentent des débats intenses et des soutiens fervents, tant dans les communautés juives que chrétiennes, renforçant les drames qui se déroulent en Terre sainte.

Mais il y a davantage. L'idéologie sioniste est devenue, au fil de l'histoire récente, une référence commune des intérêts militaristes et des élites capitalistes occidentales. Loin de se limiter à une question de territoire et de religion, elle s'inscrit dans un réseau complexe de pouvoirs, jouant un rôle catalyseur au profit de forces impérialistes et antiécologiques qui menacent l'équilibre et la paix mondiale.

Bien sûr, l'interprétation sioniste ne fait consensus ni à l'intérieur ni à l'extérieur du judaïsme. Depuis son émergence, elle fait face à des critiques virulentes qui contestent l'appropriation politique et religieuse de la promesse biblique. L'analyse des arguments théologiques, historiques et textuels développés dans ce contexte dépasse le cadre de notre étude.

Néanmoins, il peut être pertinent de mentionner l'approche exégétique de Thomas Römer[18]. Adoptant une méthode historico-critique, cet exégète s'est fixé un double objectif : préserver l'intégrité de l'écrit biblique contre les interprétations qui pourraient le dénaturer, tout en éclairant les contextes historiques dans lesquels ces textes ont été rédigés. Ce faisant, Römer compte déconstruire « l'illusion de l'immédiateté qui fait de la Bible un livre de recettes politiques, éthiques, etc. » (1999).

Dans son travail, l'exégète s'est particulièrement attaché à réhabiliter les figures d'Ismaël et d'Hagar, souvent stigmatisées dans la tradition judéo-chrétienne. Il souligne que, dans la Bible, Ismaël fait partie de la descendance d'Abraham et qu'à ce titre, la terre promise – donnée invariablement « à Abraham et à sa descendance » (12,7, 13,5, 15,18, 17,8) – lui appartient également. Römer présente en outre plusieurs arguments textuels démontrant que les deux fils d'Abraham, malgré leurs destins distincts, sont appelés à interagir plutôt qu'à s'ignorer. Il montre que le texte biblique ne fixe pas de frontières rigides entre les deux frères, mais plutôt des limites floues, favorisant les échanges et les interactions. La Bible, conclut-il, offre « une ouverture ethnique et théologique, que nous sommes encouragés à actualiser à notre époque » (1999).

Il n'est nullement question pour nous de minimiser les arguments avancés par Römer et par bien d'autres exégètes, en faveur de la coexistence et de l'acceptation de la différence. Nous exploiterons d'ailleurs ces éléments dans notre propre analyse approfondie du texte. Cependant, il importe de reconnaître que le récit abrahamique, tel qu'il est couramment

---

[18] Thomas Römer est un éminent spécialiste de la Bible. Il occupe la prestigieuse chaire « Milieux Bibliques » au Collège de France et a apporté d'importantes contributions à l'étude de la formation des textes bibliques, en particulier du Pentateuque. Ses recherches utilisent des méthodes historico-critiques pour explorer les contextes sociaux, politiques et culturels des traditions religieuses de l'Israël ancien.

compris, véhicule un ensemble de schémas fondamentaux qui tendent inévitablement à justifier des politiques d'exclusion et de suprémacisme ethnique.

Ainsi, toutes les interprétations contemporaines du texte biblique appuient l'idée qu'Isaac est le passeur légitime de l'alliance. Dieu ne déclare-t-il pas, en réponse aux inquiétudes d'Abraham concernant Ismaël, qu'il établira son alliance « avec Isaac », l'enfant que Sarah enfantera (17,20-21) ? Bien qu'Ismaël soit béni et promis à une descendance nombreuse, c'est Isaac qui incarne la véritable alliance. Römer lui-même reconnaît que, dans la Bible, Isaac et ses descendants par Jacob, les tribus et Moïse se prévalent d'un avantage, d'une distinction, voire d'une forme d'exclusivité par rapport aux autres filiations d'Abraham : ils sont les véhicules privilégiés de l'alliance, les seuls à qui il est donné d'« accomplir le vrai culte de Yahvé » (2023 : 219).

Dès lors que l'on accepte l'idée que la lignée d'Isaac est la partenaire privilégiée de l'alliance et la seule détentrice du culte authentique, et que cette lignée est issue d'une union endogame et d'une intervention surnaturelle, il devient difficile de ne pas glisser vers des conceptions exclusivistes de la religion. Si l'on ajoute à cela l'épisode du renvoi manu militari d'Ismaël (21,9-14) et les injonctions guerrières du Deutéronome (Dt 7,1-2 ; 20,16-17) ou du livre de Josué (Js 6,21 ; 10,40 ; 11,20), on obtient tous les éléments propices au développement d'un militantisme sioniste mêlant identité religieuse, ethnicité, accaparement violent de la terre et extermination de l'autre.

En somme, aucune lecture critique de l'histoire d'Abraham n'a encore réussi à offrir une interprétation du mythe fondateur d'Israël exempte d'exclusivisme. De même, aucune n'a su proposer une compréhension dépourvue de sexisme et de croyances naïves au surnaturel. Ainsi, les objections que nous avons formulées à l'encontre du récit biblique – à savoir, l'apologie crédule du surnaturel, l'attachement trop marqué au modèle patriarcal, et l'exclusivisme de l'alliance – demeurent sans réponse convaincante dans l'horizon herméneutique contemporain[19]. En conséquence, le récit d'Abraham continue d'induire ou de conforter des schémas de pensée désastreux pour notre développement, tant individuel que collectif.

La suite de notre travail s'attachera à démontrer que les objections soulevées à l'encontre du témoignage d'Abraham résultent de lectures réductrices. Une approche plus approfondie permettra de développer une interprétation inclusive et émancipatrice du texte biblique, capable de nourrir notre quête d'un monde meilleur.

---

[19] Faute de solutions convaincantes, certains exégètes s'efforcent de tracer une voie médiane entre les valeurs intemporelles qu'ils aspirent à défendre et les limitations historiques qu'ils attribuent aux récits fondateurs. En recontextualisant ces textes, ils ambitionnent d'en extraire des enseignements pertinents pour notre époque, tout en dénonçant les aspects problématiques qui entravent l'idéal d'une humanité unie et équitable. Ces approches demeurent cependant artificielles et peuvent difficilement venir à bout des préjugés établis.

- IV -

La stratégie
exégétique suivie

Pour approfondir notre compréhension du texte biblique, il est impératif de définir une méthode d'interprétation appropriée. Mais quelle approche privilégier ? Les démarches herméneutiques sont multiples et souvent contradictoires.

Nous estimons que Paul Ricœur a su élaborer dans ses travaux une approche interprétative prometteuse et particulièrement pertinente pour notre étude. En nous inspirant de ses réflexions, nous marquerons le contraste entre deux perspectives opposées : « l'herméneutique de la confiance » et « l'herméneutique du soupçon ». C'est en conjuguant ces deux méthodes d'interprétation que nous chercherons à promouvoir une lecture plus profonde et plus convaincante de l'histoire fondatrice d'Abraham.

Le conflit des interprétations

Dans son essai intitulé *Le conflit des interprétations*, Paul Ricœur insiste d'emblée sur la nature plurielle et conflictuelle de l'acte interprétatif. Les textes, les actions et les expériences humaines peuvent être appréhendés de multiples manières, selon les contextes, les perspectives et les préjugés des interprètes. Cependant, Ricœur va au-delà de la simple constatation de la multiplicité ; il identifie les points de convergence et les possibilités de dialogue entre les approches rivales. Il marque la tension entre des pôles diamétralement opposés, en cherchant à les intégrer dans une même démarche dialectique.

Si l'on devait réduire le conflit des interprétations à son essence la plus profonde, il serait pertinent de marquer l'opposition entre deux paradigmes antithétiques : l'herméneutique de la confiance et l'herméneutique du soupçon. La première cherche à enrichir la compréhension des textes et, plus largement, du monde, à travers le prisme de la croyance et de l'espérance. La seconde s'affranchit de toute considération de croyance et se concentre sur le principe de réalité[20]. Ces deux approches adoptent des positions différentes au regard de la question de Dieu : l'herméneutique de la confiance postule implicitement l'existence d'un Créateur transcendant et sage, tandis que l'herméneutique du soupçon s'accorde avec l'absence de Dieu ou avec l'idée d'une Nécessité entièrement immanente et arbitraire. Cette diver-

---

[20] S'il fallait référer ces deux approches à des écoles de pensée, ou leur donner des figures de proue, on pourrait faire référence à la phénoménologie de l'esprit, d'une part, et à la psychanalyse, de l'autre, à Hegel et à Freud. Ainsi, en conjoignant les deux pôles, Ricœur chercherait à jeter les bases d'une démarche interprétative capable d'assumer la dialectique du conscient et de l'inconscient, du téléologique et de l'archéologique : « Même si Ricœur sait qu'il est impossible d'additionner Hegel et Freud pour donner à chacun une moitié de l'homme, il n'hésite pas à mettre en dialogue une phénoménologie de l'esprit d'inspiration hégélienne et une archéologie de l'inconscient d'inspiration freudienne, persuadé que les deux sont également nécessaires pour qui veut comprendre la totalité de l'homme » (Greisch, 1969).

gence renvoie en dernière instance à l'antinomie entre le théisme et l'athéisme.

L'herméneutique de la confiance

Dans l'herméneutique de la confiance, l'accent est mis sur le dynamisme de l'esprit, sur l'élan, l'énergie ou la force spirituelle qui traverse le monde et anime l'être humain dans sa quête de sens et de connexion avec le tout-Autre.

Dans cette perspective, Abraham est présenté comme un modèle de persévérance et de piété, dévoué à la prière envers son Seigneur et accueillant avec soumission ses révélations. Les messagers qui lui transmettent la volonté de Dieu, à l'instar des trois visiteurs qui se présentent à lui à Mamré, et qu'il accueille sans reconnaître d'abord leur véritable nature, sont considérés comme des anges revêtant une apparence humaine. Il en va de même pour les envoyés qui apparaissent à d'autres protagonistes. Les annonces apportées par ces messagers divins s'accomplissent immanquablement, avec d'autant plus d'éclat que des obstacles insurmontables pour l'homme et la nature s'en trouvent renversés. Ainsi, les développements de l'histoire d'Abraham et leurs dénouements sont rendus solidaires de l'activité de l'esprit et de la volonté d'une Toute-puissance agissante et souveraine.

Dans le cadre de l'herméneutique de la confiance, la conscience humaine est considérée comme distincte de la matière, et capable de jouer un rôle directeur indépendant des processus physiques. L'interprétation accorde alors une attention particulière aux significations explicites des textes, des discours et des actions. Chaque individu qui s'exprime – qu'il s'agisse d'Abraham, de Sarah, d'Hagar, ou d'un autre – est reconnu maître de sa pensée et de sa volonté : ses paroles reflétant ses convictions, ses valeurs et ses priorités. Dès lors, ce qui importe le plus n'est pas tant qu'Abraham accueille des étrangers ou qu'Abimélek reçoive un rêve prémonitoire ; ce qui est crucial, ce sont les messages explicites que l'un et l'autre reçoivent et s'approprient. Dans ce contexte, Dieu est réputé sincère, bienveillant et rédempteur ; il n'est jamais suspecté d'être potentiellement trompeur, sournois ou duplice.

L'herméneutique de la confiance postule une orientation marquée vers un dessein ou une finalité transcendante. Elle envisage la réalité de manière édifiante, à la lumière d'un avenir florissant ou d'une eschatologie triomphante. Ainsi, les interprétations traditionnelles du récit abrahamique résorbent tous les niveaux intermédiaires de perspective dans le schéma du salut, relativisant par là-même les péripéties de l'histoire et les égarements des protagonistes. Dès lors, il importe peu qu'Abraham ait pris sa servante dans ses bras, que Lot ait envisagé de sacrifier ses filles, ou que Sarah ait été acerbe envers Ismaël et Hagar. Ce qui revêt une importance primor-diale, ce sont la promesse, l'alliance et le récit sacré qui avancent malgré les dérives humaines, conformément à un dessein transcendant. Dans cette optique, les rires d'Abraham et de Sarah acquièrent une connotation positive de joie et de confiance, malgré les éléments ironiques, sceptiques et libi-dinaux qu'ils peuvent véhiculer.

Cette manière d'interpréter les récits est étroitement liée à des préoccupations telles que la quête de vérité, l'exigence morale et la recherche de salut. Elle s'accorde avec l'idée d'un Dieu créateur, souverain, providentiel et fidèle à ses engage-ments, avec lequel les êtres humains peuvent entretenir une relation personnelle et salvatrice. Après tout, n'est-ce pas là l'essence même de ce que cherchent à transmettre les textes bibliques ?

L'herméneutique du soupçon

Il existe néanmoins une approche radicalement différente quant à la compréhension du monde et des récits. L'hermé-neutique du soupçon s'oppose résolument à l'idée d'une réalité spirituelle supérieure, autonome, qui engendrerait, animerait ou orienterait l'existence. Elle considère que les pensées et les actions sont le résultat de facteurs matériels et de dynamiques psychologiques complexes, qu'il s'agit d'investiguer et de mettre à jour. La démarche herméneutique met alors l'accent sur les rapports de pouvoir, les déterminations matérielles et les mécanismes sous-jacents de l'instinct qui influencent les comportements humains et façonnent les récits culturels et religieux.

Dans ce cadre, les révélations divines reçues par Abraham, Sarah, Hagar, Lot ou Abimélek ne sont pas considérées comme des communications transcendantes, claires et directes, mais plutôt comme des expressions symboliques d'intuitions fulgurantes, de nécessités psychiques, parfois inconscientes, et de contingences inopinées. Les expériences subjectives de connexion avec le divin peuvent être associées à des états de méditation profonde ou à des moments d'exaltation, mais elles sont avant tout liées à des épisodes existentiels critiques, souvent difficiles à appréhender, auxquels elles apportent un sens ou des pistes de résolution.

Ainsi, Abraham et Lot ne sont pas véritablement visités par des êtres spirituels ; ils accueillent des individus en chair et en os, qu'ils nourrissent et hébergent. C'est la force de leur enthousiasme, et les nouvelles inouïes apportées par leurs visiteurs, qui les poussent à les considérer comme des messagers célestes envoyés à leur intention.

De même, les miracles qui se produisent dans la vie d'Abraham ne sont plus appréhendés comme des événements contre-nature ; ce sont des développements dont la causalité rationnelle et naturelle reste inaperçue ou incomprise.

Dans cette manière d'aborder le récit, il ne s'agit plus de se limiter à ce qui est clairement énoncé, de saisir le sens dans la seule clarté apparente des mots et des actions explicites de la conscience. Il s'agit plutôt d'explorer les profondeurs de la pensée, des actes et des discours, à travers la sobriété même du récit, là où les significations peuvent être dissimulées, altérées, voire refoulées. Comme l'explique Guilhen Antier

(2016), l'interprétation s'intéresse alors au domaine de l'allusif, aux contenus implicites du récit et à ses silences : elle vise à « mettre en lumière les détails incongrus du texte, en faisant le pari que la vérité parle, non dans le plein du discours, mais dans ses creux, ses aspérités et ses bizarreries », dans ce « mi-dit », « qui affleure dans les obscurités du discours ». En cela, « l'herméneutique biblique rejoint, sans se confondre avec elle, la pratique et l'écoute en psychanalyse ».

Dès lors, l'interprétation n'est plus orientée par une intention préétablie ou une finalité préconçue ; elle ne se projette plus vers l'avenir ou vers une réalisation ultime. Elle se concentre plutôt sur l'examen des conditions qui influencent la construction de sens, sans présupposer une direction particulière : elle se tourne vers le passé, entreprend une évaluation critique de celui-ci et cherche à saisir les causes profondes, inconscientes et latentes des phénomènes.

En somme, l'herméneutique du soupçon rejette le dogmatisme de la transcendance au profit d'une attitude sceptique et interrogative, visant à comprendre les réalités concrètes et les enjeux matériels qui influencent le discours et l'action humaine. Dans ce contexte, parler de Dieu peut encore être pertinent, mais non plus en tant que souverain extérieur et sage, mais plutôt comme une force déterminante et arbitraire qui agit depuis l'intérieur, depuis les structures sous-jacentes et les profondeurs les plus immanentes.

Les limites de la recherche contemporaine

Il ne serait pas faux de considérer que les interprétations convenues de l'histoire d'Abraham, dont nous avons exposé la trame narrative commune, relèvent principalement de l'herméneutique de la confiance. Toutefois, au cours des dernières décennies, de nombreuses études ont cherché à interpréter le récit abrahamique, ou certaines de ses parties, à travers des grilles de lecture historico-critiques, anthropologiques, féministes ou psychanalytiques, se rattachant ainsi à l'herméneutique du soupçon. Ces recherches ont produit des résultats significatifs que nous intégrerons dans notre étude. Cependant, nous estimons que ces approches ont été limitées par des préjugés réducteurs : elles ont supposé que les auteurs de la Bible étaient largement insensibles aux dimensions de l'expérience humaine que l'herméneutique du soupçon cherche à dévoiler.

Ainsi, Elian Cuvillier (2007) explique que l'interprétation psychanalytique « procède à une écoute attentive des textes [bibliques], jusque dans leur moindre détail », pour « tenter d'entendre ce que disent les mots *parfois à leur insu* ». Selon Antoine Vergote, l'approche psychanalytique permet de mieux comprendre « des données anthropologiques essentielles qui, chez les auteurs anciens, *restent largement impensées* » : elle « permet de thématiser les concepts anthropologiques qui soutiennent la pensée des auteurs, mais *qu'eux-mêmes n'ont pas élaborés systématiquement* » (1979 : 255-6, nous soulignons)[21].

En d'autres termes, les exégètes contemporains qui recourent à l'herméneutique du soupçon, et notamment ceux qui pratiquent une « écoute psychanalytique » des Écritures, considèrent que les détails incongrus du récit qu'ils examinent, ses polysémies, ses creux, ses obscurités, ses répétitions et ses bizarreries, n'ont pas été intentionnellement introduits par les auteurs dans un dessein herméneutique conscient et n'étaient pas significatifs pour les premiers auditeurs. Ces éléments sont perçus comme des traits involontaires – « des intentions inconscientes qui modifient involontairement le texte », « des imprécisions ou des difficultés grammaticales qui trahissent une résistance ou un désir inconscient » (Cuvillier, 2007) – et dévoilent leur signification à l'insu des auteurs et de ceux qui ont vécu avec ces textes.

---

[21] Thomas Römer porte un jugement plus tranché : selon lui, « le texte [biblique] ne s'intéresse pas aux portraits psychologiques », ni aux ambivalences de l'existence (2023 : 99).

Cette présomption a des implications majeures. En effet, si les réalités exhumées par l'herméneutique du soupçon ne font pas partie de l'horizon critique des auteurs du texte et de ses premiers destinataires, alors les éclairages qu'apporte cette herméneutique, bien qu'ils enrichissent notre compréhension du texte biblique et du monde qu'il ouvre, ne sauraient contredire les résultats fondamentaux de la lecture convenue, sous peine de déformer l'intention des auteurs et la vérité du message transmis par le texte. C'est ce qu'expriment clairement les tenants de l'approche traditionnelle des Écritures, mais aussi les analystes de l'école historico-critique, lorsqu'ils manifestent leur crainte que « le recours à la psychanalyse ne conduise à importer dans le texte des références qui lui sont étrangères » (Cuvillier, 2007) [22].

Dès lors que les interprètes considèrent que les aspects nouveaux que l'herméneutique du soupçon met au jour ne font pas partie de l'horizon d'expérience et de réflexion consciente des auteurs du texte biblique, ils tendent à se limiter dans leur démarche et à minimiser les interprétations qui pourraient suggérer des dimensions ambiguës en rapport avec les déterminismes naturels, instinctuels ou inconscients. Ils finissent par reconduire les grandes orientations données par l'herméneutique de la confiance et la compréhension théiste du monde qui lui correspond.

Contrairement aux préjugés actuels, nous estimons que le texte biblique n'est pas étranger aux réflexions que nous regroupons sous le terme de « soupçon ». Nous pensons que les compréhensions spécifiques révélées par les analyses

---

[22] Dominique Stein, dans son ouvrage *Lectures psychanalytiques de la Bible*, ne craint pas d'affirmer : « L'application à la lecture d'un texte, et plus encore d'un texte biblique, d'un ensemble de concepts tirés de la théorie et de la pratique psychanalytiques me paraît un leurre. Dans le meilleur des cas, on retrouve dans la lecture, ou une fois la lecture accomplie, les concepts qui s'y trouvaient au départ ; s'ils ne sont pas gauchis ou abâtardis, c'est déjà une chance » (1985 : 41).

anthropologiques ou psychanalytiques faisaient partie inté-
grante de la pensée et des préoccupations des rédacteurs du
texte et de leurs premiers auditeurs. En d'autres termes, nous
considérons que les incongruités du texte biblique, mises en
lumière par l'herméneutique du soupçon, ne sont ni des
productions involontaires, ni le fruit du hasard, ni le résultat
d'une compilation maladroite de fragments hétérogènes, mais
bien des éléments significatifs, délibérément intégrés dans le
texte par des moyens narratifs qu'il convient de reconnaître et
d'exploiter.

Ainsi, en adoptant une stratégie d'interprétation qui intègre
pleinement les perspectives du soupçon, nous espérons
découvrir des dimensions de signification aujourd'hui négli-
gées. Il ne s'agira pas pour autant de remplacer la lecture
conventionnelle, ni simplement de s'y insérer, mais plutôt de
la contrarier et de la compléter par une approche plus exigeante. C'est en maintenant la tension entre les approches
interprétatives concurrentes de la confiance et du soupçon,
comme l'a préconisé Ricoeur, que nous pourrons finalement
parvenir à une compréhension plus profonde et renouvelée de
l'histoire d'Abraham.

Toutefois, avant de nous engager dans cette entreprise, il
est impératif de démontrer que le texte biblique lui-même
autorise et requiert une telle stratégie d'analyse. Sans cela,
nous serions à juste titre accusés d'imposer au texte un cadre
interprétatif qui lui est étranger.

Les raisons du recours à une herméneutique du soupçon

Trois aspects du récit d'Abraham révèlent l'insuffisance des
cadres traditionnels d'interprétation basés sur la confiance : le
rire d'Abraham et de Sarah en présence de Dieu, l'importance
de la thématique sexuelle tout au long du récit, et l'adoption
par les élus de Dieu de comportements transgressifs. Souvent
ignorés ou atténués par les exégètes, ces éléments contrastent
avec les présupposés éthiques et théologiques de l'existence

selon la foi. Ils ne peuvent être pleinement compris qu'à travers une herméneutique du soupçon.

Le rire devant Dieu

Il est difficile de ne pas être frappé par la similitude des réactions d'Abraham et de Sarah à l'annonce de la naissance d'Isaac. Confrontés à la proclamation d'un événement qui défie leur entendement, tous deux rient. Certes, Abraham et Sarah reconnaissent qu'« il n'y a aucune merveille que Yahvé ne puisse accomplir » (18:14). Pourtant, ils ne peuvent s'empêcher d'exprimer leur étonnement. « Abraham tomba face contre terre. Il se mit à rire en son cœur : "Un homme de cent ans va-t-il avoir un fils, et Sarah, à quatre-vingt-dix ans, va-t-elle enfanter ?" » (17:17). De même, Sarah « se mit à rire en elle-même ; elle se disait : "Après mon déclin, j'aurai donc de la jouissance, et mon seigneur est vieux" » (18:12). Ces deux rires ne sont pas si différents : ils mêlent la joie et l'incrédulité, la crainte et l'audace, la pudeur et une pointe d'effronterie.

Comme nous l'avons souligné, les interprétations traditionnelles du texte, malgré leur diversité, considèrent que Dieu réprouve le rire de Sarah, parce que ce rire anticipe la joie de la promesse, traduit une incrédulité presque sacrilège, et extériorise une concupiscence tout à fait inconvenante.

Pourtant, Dieu ne réagit pas au rire d'Abraham : il le tolère ou l'accepte. Cette différence de traitement pourrait s'expliquer par le fait que Sarah rit en elle-même, à l'écart de Dieu, alors qu'Abraham rit en se prosternant devant son Seigneur, sans sortir de la relation d'interaction. Dieu réprimanderait alors Sarah, non pas tant à cause de son rire inconvenant, mais plutôt parce qu'elle rit en se cachant de lui. En revanche, Abraham continue de se tenir sous le regard de Dieu, et, en retour, Dieu accepte que son élu manifeste sa perplexité face à l'annonce extraordinaire qui lui est faite.

Mais Si le père des croyants manifeste de l'incrédulité et que Dieu le tolère, ne pourrions-nous pas également revendiquer le droit au doute ? Ne sommes-nous pas même incités, à l'exemple d'Abraham, à douter – c'est-à-dire à ne pas accueillir le miracle de manière aveugle, à ne pas considérer la promesse comme acquise, et à ne pas tenir pour incontestables les annonces divines ?

Il ressort de ces remarques, d'une part, que la foi authentique incarnée par Abraham n'est pas exempte de doute, contrairement à ce que l'on croit habituellement, et d'autre part, qu'il serait réducteur de se limiter à une interprétation exclusivement négative du rire. Sous certaines conditions, le rire, et le doute qu'il extériorise, participent d'une relation juste avec Dieu.

Nous avons signalé précédemment qu'une certaine tradition judéo-chrétienne, d'inspiration néo-platonicienne, s'est restreinte à la fonction négative du rire, le réprouvant sévèrement comme diabolique. Il convient maintenant de rappeler l'existence d'une autre tradition judéo-chrétienne, également reconnue, qui valorise le rire de manière positive. Sylvie Paillat explique ainsi que si certains ordres monastiques se méfient du rire et l'associent aux forces destructrices du mal et de la négation, d'autres ordres, comme celui des frères mineurs, fondé par saint François d'Assise, encouragent leurs disciples à la gaieté et au sourire, voyant dans le rire « un instrument d'émancipation intellectuelle et spirituelle ». Pour les premiers, le diable réside dans le rire impie, la foi vacillante et l'esprit corrompu par les faiblesses de la chair. Pour les seconds, « le diable est l'arrogance de l'esprit, la foi sans sourire, la vérité qui n'est jamais effleurée par le doute » (2019).

Au vu de ces considérations, ne pourrait-on pas affirmer que, d'une certaine manière, les lectures convenues de l'épisode d'Abraham ont négligé l'aspect positif du rire, au profit d'une interprétation rigoriste qui le condamne ?

Pour rendre pleinement compte de la nature ambivalente du rire – à la fois faiblesse, et voie légitime de dialogue avec le divin –, il serait nécessaire de redoubler l'herméneutique de la confiance par une herméneutique du soupçon. D'une part, selon les présupposés de la confiance, il faudrait condamner le rire, ou du moins ses manifestations excessives, en raison de sa proximité avec les sollicitations du corps et les errements du doute. D'autre part, selon les présupposés du soupçon, il faudrait admettre le rire, parce qu'il permet de prévenir les dangers de la croyance lorsqu'elle s'absolutise avec orgueil, sans se laisser traverser par l'esprit critique. Le rire permettrait aussi au croyant d'incorporer à son expérience de foi les dimensions de la joie, de la concupiscence et de la corporéité.

La centralité de la thématique sexuelle

L'épisode abrahamique accorde une place prépondérante à la thématique de la sexualité, allant bien au-delà des questions de fertilité, de procréation et de descendance. Au cœur du récit biblique, Éros s'exprime non seulement à travers les subtilités des relations conjugales, mais également dans une exploration plus large des désirs humains et des conflits moraux. Sa présence se manifeste dans les élans charnels, les jeux de l'attrait physique et la jalousie, mais aussi dans les expressions plus sombres et honteuses de la sexualité : l'union illicite d'Abraham avec Hagar, l'homosexualité des habitants de Sodome, l'inceste tragique entre Lot et ses filles après qu'il les a lui-même offertes à la prostitution, ainsi que les agissements condamnables d'Abraham, qui se comporte en entremetteur envers sa femme lors de leur séjour en Égypte et chez Abimélek. En quelques pages, tous les tabous de la sexualité sont transgressés, tous les péchés commis, toutes les déviances accomplies.

À l'évidence, l'herméneutique de la confiance, en privilégiant la transcendance et l'esprit, éprouvera des difficultés à appréhender la thématique de la sexualité et ses désordres.

D'ailleurs, les lectures convenues de l'histoire d'Abraham tendent à ignorer ces dimensions ou à les relativiser.

Pour rendre compte de la thématique sexuelle, et prendre en considération les réalités profondes des pulsions et des désirs libidinaux évoqués à travers le récit sacré, il est impératif d'associer à l'herméneutique de la foi une herméneutique du soupçon. Ainsi, il serait possible d'explorer précisément les motivations des personnages, de mieux saisir les dynamiques de pouvoir, de désir et de transgression qui les traversent, et de clarifier le rôle de la sexualité dans la construction du sens et de la foi. Nous verrons que le récit abrahamique, loin de se limiter à une édification spirituelle simpliste, intègre des dimensions complexes et souvent contradictoires de la condition humaine.

La surprenante légèreté des prophètes

Les interprétations traditionnelles du texte de la Genèse, imprégnées des présupposés de la confiance, s'efforcent de préserver la moralité des figures affiliées à l'alliance de Dieu. Ainsi, Abraham est loué pour sa foi exemplaire, sa générosité, sa compassion envers autrui, son intégrité dans ses relations sociales, ainsi que sa persévérance face à l'adversité. Il est paré de toutes les vertus morales nécessaires à son admiration dans les traditions religieuses qui perpétuent son récit. « Quelle haute vertu, quel désintéressement dans l'âme de ce juste ! », s'écrie saint Jean Chrysostome dans l'une de ses homélies sur la Genèse (1864 : t.3, 362). « Abraham était un cœur pur qui pouvait voir Dieu », renchérit Origène dans l'un de ses sermons (2003 : 125).

Cependant, comment concilier ces descriptions élogieuses avec le fait qu'Abraham se soit uni à Agar, en méprisant les liens de fidélité conjugale, puis qu'il l'ait abandonnée à la malveillance de Sarah alors qu'elle portait son enfant, et enfin qu'il l'ait chassée de son foyer avec Ismaël ? Comment justifier qu'il ait présenté sa femme à deux reprises, à Pharaon

puis à Abimélek, comme sa sœur pour se protéger lui-même ?
Tour à tour, il a abandonné une Hagar vulnérable au lieu de la
protéger, et une Sarah convoitée et menacée au lieu de la
défendre. Ces comportements contredisent l'image du prophète intègre et moralement irréprochable consacrée par les
lectures traditionnelles.

On pourrait observer une contradiction similaire chez
d'autres protagonistes clés du récit biblique. Lot, considéré
comme juste et sauvé du désastre par l'intervention divine,
révèle un aspect odieux lorsqu'il offre en sacrifice à la foule
la vertu de ses filles, déjà promises en mariage, pour préserver
son honneur et celui de ses hôtes. De même, Sarah se montre
injuste et méprisante en chassant sa servante après avoir voulu
l'utiliser comme mère porteuse, puis en expulsant Ismaël afin
de réserver l'héritage d'Abraham à son fils Isaac.

Les comportements moralement répréhensibles des protagonistes bénis par la promesse divine, ainsi que le rôle parfois
ambigu de la divinité dans ces actions, ne peuvent être
pleinement justifiés dans le cadre d'une herméneutique de la
confiance. Ces éléments exigent une réévaluation critique des
présupposés éthiques et théologiques qui ont traditionnel-
lement guidé l'interprétation biblique. Ils invitent à une
lecture alternative, libérée des préjugés moralistes et des
cadres spirituels préconçus. En cela, le texte biblique lui-
même nous incite à recourir aux outils de l'herméneutique du
soupçon.

Observons également qu'à partir du moment où l'on
reconnaît qu'Abraham et Sarah, malgré leurs indéniables
vertus, sont pécheurs, qu'ils ont commis de graves fautes, et
qu'ils sont passibles du châtiment selon la justice, il devient
impossible de comprendre la bénédiction divine qui leur est
accordée sans intégrer la dimension du pardon. Cette dimension s'avère même essentielle, bien qu'elle soit largement
ignorée par les interprétations actuelles.

La mise en tension des herméneutiques rivales

Les considérations que nous venons d'évoquer montrent qu'il serait réducteur de lire l'histoire d'Abraham sous le seul prisme de l'herméneutique de la confiance. Pour saisir la complexité existentielle décrite par le texte biblique, il convient de conjuguer la logique amplifiante de l'espérance avec celle, plus souterraine, du doute.

D'une part, il s'agit de développer le sens spirituel du texte et d'admettre le domaine du surnaturel. D'autre part, il est nécessaire de libérer le récit des dogmes du sens, afin d'y contempler les dynamiques du désir et les expressions de l'inconscient. C'est en maintenant la tension entre ces deux modalités d'interprétation rivales que l'on pourra accéder à une meilleure compréhension du texte et voir émerger, à travers ses indications allusives, ses failles et ses silences, des significations inexplorées.

En reconnaissant que l'écrit biblique nécessite une double herméneutique, et qu'il serait appauvri si l'on adoptait une seule perspective, nous admettons implicitement que la conception de Dieu proposée par le texte biblique puisse être plus complexe et ambivalente que ne le laissent entrevoir les interprétations actuelles. Si, comme nous l'avons indiqué, l'herméneutique de la confiance s'accorde avec l'idée d'un Dieu transcendant et sage, tandis que l'herméneutique du soupçon correspond à celle d'un Dieu immanent et arbitraire, alors la mise en tension des herméneutiques rivales entrerait en résonnance avec une compréhension paradoxale de Dieu, intégrant et dépassant la justice et l'arbitraire, la transcendance et l'immanence, le théisme et l'athéisme. Nous devons donc nous attendre à ce que les conceptions traditionnelles de Dieu et les façons convenues de vivre la foi soient remises en cause, au fur et à mesure que nous explorerons la complexité et la puissance du texte génésiaque.

Les répétitions de la Genèse

Avant d'entamer une analyse approfondie de l'histoire d'Abraham, il convient de souligner un aspect remarquable : la répétition d'événements ou d'épisodes significatifs tout au long du récit. Comme le souligne André Wénin (2017)[23], « dans l'histoire d'Abraham telle qu'elle est relatée dans la Genèse, il est impossible de ne pas être frappé par la récurrence de scènes qui se répondent les unes aux autres, même à une première lecture ».

Ainsi, on trouve deux récits distincts d'alliance, présentant entre eux de nombreux liens littéraires et thématiques : le premier, plutôt unilatéral (ch. 15), présente l'alliance comme une initiative divine inconditionnelle, tandis que le second, plus bilatéral (ch. 17-18), la dépeint comme un engagement réciproque.

Ensuite, la Genèse présente deux épisodes où Abraham fait passer sa femme pour sa sœur, d'abord en Égypte (12,10-20), puis à Guérar (ch. 20)[24]. Dans les deux cas, le stratagème imaginé par Abraham est formulé de manière identique. À chaque fois, Sarah est prise par un souverain étranger, et Abraham reçoit des biens, des troupeaux et des serviteurs en retour. À chaque fois, Dieu intervient et la femme est rendue à son mari.

Il y a également deux annonces de la naissance d'Isaac, l'une faite à Abraham (17,17-21), l'autre à Sarah (18,9-15),

---

[23] André Wénin est un bibliste et un théologien belge, spécialisé dans l'étude des Écritures hébraïques. Il est connu pour ses travaux sur l'Ancien Testament et sa contribution à l'exégèse biblique, notamment à travers des ouvrages et des articles qui explorent les aspects littéraires et théologiques du cycle d'Abraham.

[24] La Genèse propose, au chapitre 26, un troisième récit sur le même thème : l'épisode se déroule à nouveau à Guérar, chez le roi Abimélek, mais cette fois, c'est Isaac – devenu adulte et marié – qui cherche à faire passer sa femme pour sa sœur.

soulignant l'importance de l'enfant promis dans le plan divin et l'implication active des deux parents dans ce dessein.

De plus, la Genèse rapporte deux scènes de conflit entre Abraham et Sarah au sujet d'Hagar et d'Ismaël, révélant ainsi la profondeur du mal de division qui mine la maison d'Abraham. À chaque fois, Hagar s'exile dans le désert et rencontre un messager de Dieu. Dans les deux cas, la miséricorde divine vient au secours des exilés (16,1-14 et 21,8-21).

À ces répétitions de scènes, il faut ajouter plusieurs parallélismes significatifs entre épisodes différents. Ainsi, il existe un parallèle entre les récits où Sarah est « prise » par un souverain étranger (Pharaon ou Abimélek) et le récit où Hagar est « prise » par Abram. Dans les deux cas, il est fait violence à une femme pour répondre à un problème vital : sauver la vie du patriarche, d'un côté, et donner un enfant à son épouse, de l'autre. Dans les deux situations, le Seigneur intervient en faveur de la femme lésée, puis des reproches sont adressés à Abraham (par Pharaon ou Abimélek d'une part, par Sarah de l'autre). L'histoire se termine dans les deux cas par la reconstitution du couple légitime et la prise de distance vis-à-vis de la partie étrangère introduite entre les conjoints (cf. Wénin 2001).

Un autre parallèle notable se trouve entre le renvoi d'Ismaël (21,10-21) et le sacrifice d'Isaac (ch. 22). Les deux récits présentent une structure remarquablement similaire. Dans le premier cas, le Seigneur demande à Abraham de renvoyer Ismaël dans le désert. Dans le second, il exige de lui qu'il emmène Isaac et le prépare à être sacrifié sur le mont Moriah. Au feu du désert auquel est livré Ismaël correspond pour Isaac le feu imminent de l'holocauste. Dans les deux cas, il s'agit pour Abraham de renoncer à garder un fils auquel il est attaché, consentant ainsi à une dépossession radicale : « Même angoisse du père, même silence, même fidélité (les anciens diraient obéissance) à une décision qui ne vient pas de lui, mais de quelqu'un qu'il aime (Dieu dans un cas, Sarah dans l'autre), à une décision qu'il ne comprend pas ou n'approuve pas, mêmes gestes rituels ("le bois et le couteau" pour le sacrifice d'Isaac, "le pain et l'outre d'eau" pour le sacrifice d'Ismaël), même départ "de bon matin", et pour le sacrifice d'Ismaël comme pour celui d'Isaac finalement, la promesse de Dieu de faire d'eux "une grande nation" » (Vanel, 1984, 96-97). Dans les deux cas, l'enfant est sauvé au dernier moment : Abraham lève les yeux et aperçoit un bélier qu'il peut sacrifier en épargnant Isaac ; de même, Hagar lève les yeux et découvre un puits, lui permettant d'abreuver Ismaël et de le sauver. « Dans les deux lieux, il y a de la vision. Dans les deux cas, il y a risque de sacrifice, soit pour la mère et le fils, soit pour le père et le fils. On a là deux montages du sacrifice, chacun pour l'une des deux branches d'Abraham » (Sibony, 2006)[25].

Ces répétitions et ces parallèles n'ont pas été toujours pleinement appréciés par les exégètes. Ainsi, comme le souligne Marie Balmary, « les commentateurs se demandent pourquoi l'épisode déjà vécu avec Pharaon se répète avec de légères variantes [avec Abimélek], et ils ne semblent pas être parvenus à trouver véritablement le fil conducteur de cette répétition. Comme toujours dans ce cas-là, on invoque des sources différentes, mais cela ne satisfait personne ». Balmary elle-même trouve que « cet épisode semble là pour rien » (1995 : 186, 205).

Faute d'explications satisfaisantes, les exégètes se tournent vers les hypothèses de l'école historico-critique. Ils estiment que les répétitions du livre de la Genèse – les doublets, les reprises et les incohérences apparentes du texte – sont le fruit de réécritures et d'ajouts successifs. L'histoire d'Abraham, comme d'autres récits bibliques, serait le produit d'une compilation de diverses narrations et traditions, souvent réalisée sans souci de cohérence globale, dans le but de

---

[25] Sur les liens entre les deux scènes, voir aussi Mirguet, 2003 et Römer, 2023 : 299.

concilier les différentes tendances théologiques du judaïsme ancien et ses incarnations historiques.

Ainsi, Römer soutient que l'histoire d'Abraham serait « le résultat d'une série de relectures qui se sont greffées sur un noyau plus ancien ». S'appuyant sur des « observations » textuelles et sur des motifs qu'il perçoit comme autant d'irrégularités ou d'incohérences narratives, Römer tente de délimiter, chapitre après chapitre, les différentes strates d'écriture intégrées dans le texte biblique, tout en reconstituant les grandes étapes de son élaboration. Cependant, il reconnaît qu'il est difficile de formuler des hypothèses fondées sur la formation de ce cycle : « la question de reconstitution des traditions anciennes sur Abraham est assez difficile » (2023: 44).

Nous ne comptons aucunement nier que le texte de la Genèse, tel qu'il nous est parvenu, a connu une histoire complexe de relectures et de réécritures. Cependant, nous pensons que ce processus s'est opéré en référence à une même compréhension du monde et du divin, et dans un esprit de fidélité à cette vision commune. La Genèse ne présente pas des strates hétérogènes d'écriture, ni n'amalgame de façon artificielle des théologies différentes. Les répétitions, les parallélismes et les incohérences apparentes du texte ne constituent pas des défauts d'écriture, ni des résidus de rédactions disparates. Loin d'être des marques de désordre ou de compilation hasardeuse, ces éléments participent d'une mise en intrigue narrative singulière et sophistiquée, visant à décrire la complexité polysémique d'une expérience. Ils dissimulent une intention herméneutique qu'il s'agit de mettre au jour par une lecture attentive et rigoureuse.

Au cours de nos analyses, nous exploiterons à plusieurs reprises la structuration élaborée de la Genèse. Nous mettrons en évidence les similitudes et les différences entre les doubles récits pour approfondir notre compréhension du texte. Nous verrons que les réitérations ne sont pas de simples redites.

Elles ne se limitent pas non plus à marquer la récurrence d'événements dans la vie d'Abraham. Elles servent plutôt à explorer, sous différentes facettes, la complexité parfois paradoxale d'expériences, de dynamiques existentielles et de thématiques théologiques fondamentales, ayant trait aux épreuves endurées par Abraham et les siens avec Dieu. Ainsi, la Genèse n'apparaîtra plus comme un simple assemblage de traditions diverses, mais comme une œuvre cohérente et magistralement orchestrée, reflétant une vision unifiée mais paradoxale de la divinité et de son engagement avec l'humanité.

- V -

L'histoire d'Abraham
revisitée

Après avoir exposé la lecture convenue de l'histoire d'Abraham, mis en lumière les écueils qu'elle présente, et envisagé une approche interprétative plus englobante que celles généralement adoptées, nous pouvons à présent entreprendre une analyse approfondie des chapitres de la Genèse qui font l'objet de notre étude. Nous examinerons ainsi successivement huit épisodes clés du récit génésiaque : le départ d'Abram, le voyage en Égypte, la naissance d'Ismaël, la vieillesse d'Abraham et de Sarah, l'annonce de la naissance d'Isaac, l'intrusion d'Abimélek, la venue d'Isaac, et enfin le renvoi d'Hagar et d'Ismaël.

Nous chercherons à approfondir notre compréhension du récit abrahamique en conjuguant les herméneutiques de la confiance et du soupçon. Notre démarche intègrera les avancées réalisées par les théologiens et chercheurs de divers horizons au cours des dernières décennies, tout en prolongeant leurs questionnements et analyses là où subsistent des zones d'ombre. Nous nous attacherons à explorer la richesse des élaborations narratives, stylistiques et linguistiques du texte biblique, en portant une attention particulière à son écriture allusive, à ses jeux de répétitions, ainsi qu'à ses tensions et incongruités. Cette approche critique et intégrative a pour ambition de saisir la complexité de l'histoire d'Abraham, en faisant émerger des aspects jusqu'alors négligés ou incompris.

Notre travail mettra progressivement en lumière l'existence d'une duplicité narrative, d'un double discours sur les événements et le rôle des acteurs. Ce jeu sera d'abord difficile à saisir dans toute sa portée, jusqu'au coup de théâtre qui surviendra à l'acmé du drame. Ce n'est qu'à partir de ce point culminant que l'élaboration narrative de la Genèse pourra être pleinement comprise rétrospectivement.

L'interprétation que nous proposons bouleverse certaines compréhensions établies. Ses implications anthropologiques, éthiques et théologiques seront esquissées dans le prochain et dernier chapitre. La figure d'Abraham qui se dégagera de cette nouvelle lecture pourra légitimement être reconnue comme fondatrice d'une alliance avec Dieu, au sein de laquelle toute l'humanité peut être incluse et bénie.

Le départ d'Abram

La geste abrahamique s'ouvre par un appel : « Va pour toi, de ta terre, de ton enfantement, de la maison de ton père, vers la terre que je te ferai voir » (12:1). Ce que Dieu exige avant tout de son élu, c'est une séparation, un déracinement, comme si l'appelé devait être bouleversé et dépossédé pour amorcer un véritable recommencement.

Abram, qui n'est pas encore connu sous le nom d'Abraham, répond avec une foi inébranlable. Il abandonne son pays natal, son clan, ses divinités, et les liens tissés par la parenté et l'habitude. Il laisse derrière lui la sécurité et le familier pour s'aventurer dans l'inconnu. Pour lui commence une odyssée d'épreuves et de rédemption. Avec lui, s'amorce l'interminable succession des interventions divines qui jalonneront l'histoire sacrée.

En répondant à l'appel divin, Abram s'identifie à tous ceux qui, à travers les âges, sont conviés à quitter le familier pour s'aventurer dans l'inconnu, guidés par la promesse d'un avenir transcendant. Son périple incarne un modèle de voyage spirituel, parsemé d'épreuves mais toujours illuminé par la fidélité divine : il se présente comme l'archétype du chemin que l'humanité est appelée à suivre sur la voie de son salut.

Un lieu d'origine marqué par la mort

Le chapitre 11 de la Genèse rapporte que Tèrah, père d'Abram, avait lui-même entrepris de quitter « le pays de sa famille » – Our des Chaldéens – avec l'intention de rejoindre le pays de Canaan. Toutefois, son projet échoue, et il s'établit à Ḥaran, à mi-chemin, où il finit par mourir (Gn 11,31-32). C'est précisément à ce moment, dans l'interruption de ce parcours inachevé, que l'appel de Dieu parvient à Abram, l'exhortant à se détacher de son milieu familial.

La terre de Ḥaran, qu'Abram est invité à quitter, apparaît comme un lieu déchu et marqué par l'échec. Elle est dominée par Tèrah, décrit dans le livre de Josué (24,2), le livre des Jubilés (12,1-9)[26] et de nombreux *midrashim*[27], comme un idolâtre. L'existence à Ḥaran est également assombrie par deux événements tragiques : la mort de Haran, l'un des frères d'Abram (dont le nom présente une troublante quasi-

---

[26] Le Livre des Jubilés est un texte apocryphe juif, souvent daté du IIᵉ siècle avant notre ère. Il réécrit et interprète les événements de la Genèse et de l'Exode, présentant une chronologie détaillée basée sur des cycles de 49 ans, appelés « Jubilés ». Il met en avant l'importance de la loi et des fêtes juives, tout en offrant des récits supplémentaires et des interprétations sur les personnages et les événements bibliques.

[27] Les *midrashim* (singulier : *midrash*) sont des récits anciens, des paraboles, des exégèses et des enseignements qui visent à expliquer, approfondir ou élucider les Écritures hébraïques. Les *midrashim* jouent un rôle crucial dans la tradition juive, car ils enrichissent la compréhension des textes sacrés et permettent de transmettre les enseignements religieux de manière accessible et engageante.

homonymie avec le lieu[28]), et la stérilité de sa femme Saraï, incapable de porter la vie (11,26-32). Ainsi, comme l'ont effectivement souligné les interprétations traditionnelles, la terre qu'Abram doit quitter se découvre empreinte de mort (Wénin, 2016 : 22) ; elle représente une matrice ancestrale marquée par la mort (Balmary, 1995 : 133).

Toutefois, si Abram est appelé à se détacher de la maison funeste de ses ancêtres, cette séparation ne signifie nullement qu'il se désintéresse de sa famille ou la renie. Remarquons qu'il ne part pas seul, mais emmène avec lui « son neveu Lot », ainsi que « les personnes dont ils s'étaient entourés à Ḥaran » et qui étaient disposées à les suivre (12,5). Au chapitre 15, lorsque le Seigneur conclura l'alliance avec lui, et que sa vocation et celle de sa descendance seront révélées, il sera précisé que le terme de son parcours le verra se réconcilier avec les siens et « aller vers ses pères en paix » (15,15). Enfin, dans les dispositions finales qu'il prendra au crépuscule de sa vie pour trouver « une épouse pour son fils Isaac », Abram (devenu Abraham) exigera que sa belle-fille soit choisie « parmi [sa] famille et [ses] proches » (24,2-4). Mais il ne permettra pas à Isaac de retourner à Ḥaran, rappelant que c'est Yahvé qui l'a fait sortir de son lieu d'origine pour qu'il s'installe dans le pays de Canaan. Il demandera que l'élue soit invitée à quitter les siens et, sous réserve de son libre consentement, à rejoindre Isaac sur les terres que Dieu leur aura assignées (24,6-8).

Ainsi, l'exil d'Abram ne peut être interprété comme une désertion, un oubli ou un abandon. Il s'agit plutôt de s'acheminer vers une terre promise, un avenir lumineux, une nouvelle manière d'être, où les autres, et ses proches en

---

[28] En hébreu, il y a une différence d'orthographe et de prononciation entre les deux termes : la ville s'écrit avec un *ḥêt* (transcrit Ḥ) et le nom de la personne avec un *hê* (transcrit H). Les deux lettres sont proches et peuvent se confondre.

particulier, pourraient le suivre pour renaître à une vie féconde et prospère.

L'énigme généalogique de Saraï

Le chapitre 11 de la Genèse offre également la généalogie de Tèrah. Plusieurs générations sont retracées, en partant des descendants de Sem, fils de Noé, jusqu'au père d'Abram : « Tèrah vécut soixante-dix ans, et engendra Abram, Nahor et Haran » (11,26). Comme l'ont relevé de nombreux analystes, ce verset peut signifier que Tèrah a eu trois fils de trois femmes différentes la même année, lorsqu'il avait soixante-dix ans (Römer, 2023 : 70).

Ce qui est néanmoins remarquable, c'est que les personnes énumérées dans les généalogies du chapitre 11 sont toutes présentées en lien avec le nom de leur père et par le biais des engendrements. Seule Saraï fait exception : elle est désignée comme « l'épouse d'Abram » (11,29) et la « bru de Tèrah » (11,31), sans que l'on connaisse l'identité de son père ni son origine familiale. Ainsi, on apprend que Nahor, le frère d'Abram, épouse sa nièce, fille de leur autre frère Haran, mais aucune information n'est donnée sur l'origine de Saraï et ses éventuels liens familiaux avec son époux : « Abram et Nahor prirent femme ; l'épouse d'Abram s'appelait Saraï, et celle de Nahor, Milka, fille de Haran, père de Milka et de Yiska » (11,29).

Cependant, au chapitre 20, lorsqu'Abraham cherchera à se justifier devant Abimélek pour avoir fait passer sa femme pour sa sœur, il prétendra que Sarah est en réalité sa demi-sœur : « C'est vrai qu'elle est ma sœur, la fille de mon père, mais non de ma mère » (20,12). Cette confession inopinée, d'une portée considérable, est d'autant plus troublante qu'elle reste sans écho ni parallèle dans le reste du récit. Quelle crédibilité accorder à cette affirmation ? Abraham dit-il la vérité, ou s'agit-il d'une fabulation ?

Les chercheurs sont divisés à ce sujet[29]. On pourrait penser que si Abram et Saraï étaient réellement frère et sœur, le narrateur n'aurait pas omis de mentionner ce fait au début du récit. Cette information aurait été utile pour une meilleure compréhension de l'histoire et aurait indiqué au lecteur qu'Abram ne ment pas lorsqu'il affirme en Égypte, puis à Guérar, que sa femme est sa sœur, même s'il fait alors preuve d'une évidente lâcheté. En outre, le mariage entre demi-frères et demi-sœurs est loin d'être insignifiant : il est considéré comme incestueux et strictement interdit par les lois du Lévitique et du Deutéronome (Lv 18,9 ; 20,17 et Dt 27,22). Le fait, s'il était exact, aurait donc mérité des explications et des développements. À moins que ce ne soit précisément parce que ce mariage est perçu comme honteux qu'il est passé sous silence, puis avoué tardivement, à un moment où cet aveu pourrait avoir moins de conséquences.

Ce qui devrait nous convaincre qu'Abraham dit la vérité à Abimélek, et qu'il est effectivement le demi-frère de Saraï, c'est qu'il n'a pas, au moment où il en fait l'aveu, de raison de mentir. En effet, Abraham voit alors son stratagème démasqué : Abimélek, éclairé par Dieu sur la réalité de la femme qu'il a prise, la rend à son mari, Abraham, et demande à ce dernier de s'expliquer. Celui-ci se justifie en disant qu'il pensait que les gens de Guérar n'avaient « aucune crainte de Dieu » et n'hésiteraient pas à le tuer pour lui ravir sa femme. Puis, il ajoute : « De plus, c'est vrai qu'elle est ma sœur, la fille de mon père mais non celle de ma mère. Et elle est devenue ma femme » (20,12).

Le contexte de l'épisode suggère qu'Abraham dit la vérité, car il n'aurait aucun intérêt à inventer une histoire qui le présenterait sous un jour défavorable, voire incestueux, pour

---

[29] Marie Balmary accepte sans discussion l'idée qu'Abram soit le demi-frère de Saraï (1995 : 119). André Wénin récuse le fait et considère qu'Abraham ment (2016 : 24). Thomas Römer ne tranche pas la question (2023 : 70 et 283).

justifier sa lâcheté et ses peurs, déjà manifestes aux yeux de tous et qu'il a lui-même reconnues. N'a-t-il pas déjà expliqué qu'il craignait que les gens de Guérar ne le tuent pour prendre sa femme ? Pourquoi ajouterait-il une justification inutile, mensongère et déshonorante ? Pourquoi mentirait-il encore à Abimélek alors qu'il cherche à se réconcilier avec lui ? Non, c'est précisément parce que Saraï est sa demi-sœur, et qu'il souhaite instaurer une relation de confiance avec Abimélek, qu'il se permet de faire cette révélation en toute sincérité. D'ailleurs, Abimélek le croit, puisqu'en s'adressant à Sarah, il parle d'Abraham comme de son « frère » : « Et il dit à Sarah : "Voici que je donne mille pièces d'argent à ton frère ; ce sera pour toi comme un voile sur les yeux de tous ceux qui t'entourent, et tu seras réhabilitée aux yeux de tous » (20,17).

Ainsi, aux chapitres 11 et 12, dans les premières présentations du récit, Saraï est exclue de l'intégration généalogique pour deux raisons : d'une part, parce qu'il ne convient pas d'insister sur le fait qu'elle est la demi-sœur d'Abram, et d'autre part, parce qu'elle est stérile et incapable de perpétuer la lignée de son époux. Le mariage endogame d'Abram et l'infécondité de sa femme illustrent à quel point l'élu de Dieu est, en ce début de récit, intégré à la matrice ancestrale et aux mœurs archaïques qu'il est appelé à abandonner.

Ces indications soulignent également que Dieu n'a pas choisi, pour porter son alliance, un homme juste et déjà affermi dans un environnement sain, mais un individu évoluant dans un contexte mortifère, soumis à des traditions ancestrales oppressives, engagé dans un mariage endogame et stérile, et ayant besoin de se transformer profondément.

Abraham a-t-il une confiance totale en Dieu ?

Les interprétations traditionnelles mettent en exergue la confiance aveugle d'Abraham en Dieu, affirmant qu'il fut justifié précisément parce qu'il crut contre toute raison suffisante. Pourtant, une lecture attentive du texte génésiaque laisse entrevoir une réalité plus nuancée.

D'emblée, Abram n'apparaît pas pleinement serein. Certes, il quitte le pays funeste et réprouvé de ses ancêtres, répondant à l'appel divin. Toutefois, à chaque étape de son périple – d'abord à Sichem, puis à l'est de Béthel, puis de campement en campement jusqu'au Négev –, Abram ressent l'impérieuse nécessité d'ériger un autel à Yahvé et d'invoquer son nom (12,6-9). Ces gestes ne se réduisent pas à de simples marques de reconnaissance ; ils semblent également constituer une tentative d'exorciser une menace latente. Il n'est d'ailleurs pas anodin que cette terre promise, évoquée comme un lieu de bénédiction et de fécondité, porte le nom de Canaan, le petit-fils maudit de Noé, un nom chargé d'une mémoire obscure et d'un héritage incertain (Gn 9,25-27)[30].

Ce paradoxe, comme l'ont suggéré plusieurs commentateurs, peut se résoudre de manière positive en considérant qu'Abram, en tant que porteur de la bénédiction divine pour toutes les nations, est envoyé vers les contrées les plus misérables : « Si la bénédiction est pour tous les clans de la terre, lequel d'entre eux en a le plus besoin, sinon celui qui est marqué par la malédiction ? » (Wénin, 2016 : 31).

Toutefois, aux premières étapes de son périple, Abram ne comprend pas les choses de cette façon : lorsqu'une famine frappe Canaan, il ne cherche pas à apporter la bénédiction de Dieu aux réprouvés ; il fuit en Égypte, avec l'intention de sauver sa peau à tout prix (ch. 12). Après cet épisode malencontreux, il continue à percevoir la terre promise de manière ambiguë : tout comme son neveu Lot, il voit Canaan « comme

---

[30] En replaçant le départ d'Abram dans le contexte plus large de l'émigration qui avait déjà poussé sa famille sur les routes – ainsi, le verset 7 du chapitre 15 de la Genèse précise que Yahvé fit sortir Abram d'Our en Chaldée, et non de Ḥaran –, on constaterait que l'élu de Dieu est conduit depuis le centre de la civilisation, symbolisé par Our, vers le pays obscur et chaotique de Canaan.

le jardin de Yahvé, comme le pays d'Égypte », une terre portant les marques doubles de l'Éden et du royaume redouté de Pharaon (13,10).

Or, ce n'est pas uniquement la terre de Canaan qu'Abram contemple avec un regard mêlé de ravissement et de réserve. Ce sont plus généralement les annonces divines, lui promettant une descendance infinie et la propriété perpétuelle du pays où il réside, qui suscitent en lui un enthousiasme teinté de scepticisme. N'oublions pas qu'Abram a ri lorsqu'il a appris que Saraï allait enfanter. N'aurait-il pas également ri à l'annonce que sa descendance serait aussi innombrable que les étoiles du firmament ou les grains de sable de la terre ? N'aurait-il pas de nouveau souri, lui, un humble migrant errant sur les terres de Canaan, à l'idée de régner sur ces vastes étendues peuplées de nations prospères ? De même qu'il a douté de la venue d'Isaac, Abraham a naturellement éprouvé des doutes quant aux promesses extraordinaires de descendance et de gloire terrestre qui lui étaient faites.

Serait-ce justement parce qu'Abram se montre réticent à croire, que Dieu doit sans cesse réitérer les mêmes annonces et promesses ? Les déclarations d'alliance et de bénédiction sont répétées chapitre après chapitre, épisode après épisode, parfois même à l'intérieur de chaque épisode. Ainsi, dans le chapitre 17, Dieu réaffirme à six reprises la même promesse : établir une alliance avec Abram et lui accorder une descendance innombrable. Cette répétition semble indiquer que Dieu perçoit une difficulté chez Abram à croire ou à prendre au sérieux ses déclarations.

D'ailleurs, les paroles et le comportement d'Abraham tout au long de son périple montrent qu'il n'est pas un croyant rasséréné. Ses doutes ne se résument pas à un simple moment de défiance ou à une hésitation passagère face à des annonces extraordinaires, rapidement surmontée pour laisser place à une confiance durable. Ainsi, face à Abimélek, alors même que le Philistin lui témoigne de la bienveillance, Abraham tient des propos déconcertants, frôlant le blasphème, où transparaissent désillusion et défiance. Il déclare : « Lorsque les dieux me firent errer loin de la maison de mon père, j'ai dit à Sarah : "Voici la faveur que tu me feras : partout où nous irons, dis de moi : C'est mon frère" » (20,13). Ces paroles révèlent une profonde désespérance : elles présentent un Abraham impie, évoquant les dieux plutôt que Dieu, à la manière d'un polythéiste ; un Abraham désenchanté, percevant son exil comme une errance ou une malédiction ; un Abraham défiant et cynique, qui ne cherche plus sa protection en Dieu, mais recourt à la ruse et abuse de la confiance de sa femme.

Ces éléments textuels nous apprennent que l'élu de Dieu ne cultivait pas une croyance aveugle et crédule, comme on le pense couramment, mais une foi mêlant la confiance indéfectible et un doute tenace et profond. A fortiori, Abram ne prenait jamais les déclarations prodigieuses de Dieu au pied de la lettre.

Des annonces divines aux couleurs ambiguës

Il faut reconnaître que l'ambivalence d'Abram ne découle pas uniquement de la faiblesse de son caractère ou de l'inconstance de sa foi. Ce sont les annonces mêmes de Dieu qui l'amènent à une certaine circonspection. Non seulement, comme nous l'avons vu, Abram est d'emblée dirigé vers des terres à la réputation ambiguë, mais il est continuellement abreuvé de promesses si extraordinaires qu'il ne peut s'empêcher de les trouver équivoques et de s'en méfier.

Dieu dit à Abram : « Je ferai de toi une grande nation (…). En toi seront bénies toutes les familles de la terre » (12,1-3) ; « Je rendrai nombreuse ta descendance, autant que la poussière de la terre : si l'on pouvait compter les grains de poussière, on pourrait compter tes descendants ! » (13,16) ; « Regarde les cieux et compte les étoiles, si tu peux compter (…) Telle sera ta descendance » (15:5) ; « À ta descendance, je donne le pays que voici, depuis le Torrent d'Égypte jusqu'au Grand Fleuve, l'Euphrate, soit le pays des Qénites, des Qenizzites, des Qadmonites, des Hittites, des Perizzites, des Refaïtes, des Amorites, des Cananéens, des Guirgashites et des Jébuséens » (15:18-21) ; « À toi et à ta descendance après toi, je donnerai le pays où tu résides, tout le pays de Canaan en propriété perpétuelle ! » (17:7-8).

Ces déclarations se distinguent par leur ton hyperbolique. Elles sont marquées par une exagération intentionnelle, perceptible à travers l'accent mis sur l'infinité de la descendance à venir, l'immensité du pays octroyé, la perpétuité de la propriété conférée, ainsi que la longue énumération des nations habitant la terre promise[31]. Comme toute rhétorique hyperbolique, celle de Dieu crée un effet dramatique et se prête à une double interprétation.

Tout d'abord, il convient d'entendre les déclarations divines en un sens positif. En accentuant la tension entre la grandeur de la promesse et la situation actuelle de l'élu, les annonces mettent en évidence la disparité entre la capacité illimitée de Dieu et les possibilités humaines. Elles soulignent la nature extraordinaire de l'engagement divin, capable de faire advenir ce qui est humainement impossible, tout en sollicitant la foi nécessaire pour y croire. Abraham est ainsi appelé à transcender son scepticisme et à placer une confiance absolue en Dieu, malgré l'énormité de la promesse.

Cependant, l'hyperbole n'est jamais dénuée d'ambiguïté. À un premier niveau, elle se comprend comme une déclaration sérieuse, bien que volontairement exagérée ; mais à un deuxième niveau, elle peut être interprétée comme une figuration plus ou moins parodique de cet acte, voire comme

---

[31] On trouve des listes similaires dans les livres du Deutéronome (7,1 ; 20,17…), de l'Exode (3,8.17 ; 13,5…) et de Josué (3,1 : 9,1…). Mais, dans ces textes, l'énumération comporte cinq, six ou sept noms. Ici, la liste est démesurément allongée à dix nations.

une antiphrase exprimant en réalité l'inverse de ce qu'elle affirme.

En promettant à Abram ce qui est humainement impossible et rationnellement inconcevable, en lui faisant miroiter une réussite extravagante, surpassant ses rêves les plus fous de toute-puissance, Dieu est-il véritablement sérieux ? Pourquoi ne se contente-t-il pas de simplement lui dire qu'il rendra sa descendance innombrable ? Pourquoi verser dans la démesure et l'exagération astronomique ? À quoi bon ajouter, après avoir promis une postérité aussi nombreuse que la poussière de la terre ou les étoiles du ciel, « si l'on pouvait compter les grains de poussière, on pourrait compter tes descendants », « si tu peux compter [les étoiles], telle sera ta descendance » ? L'extravagance du propos divin et ses incongruités délibérées le rendent suspect d'ironie. Dieu joue-t-il avec les limites de la crédulité humaine pour tester la capacité de son élu à croire en l'impossible ? Ou serait-il carrément en train de se moquer de lui ?

Relevons qu'à la fin de son parcours, lorsque Sarah, son épouse, décède, Abraham reçoit de manière inopinée des nouvelles de son frère resté à Ḥaran. Il apprend que Nahor a engendré, dans la maison de leur père, douze enfants, dont certains sont déjà parents (22,20-24). Les noms de ces enfants renvoient à différents univers culturels, témoignant de la capacité de Nahor à intégrer la diversité du monde dans lequel il évolue. En contraste, à l'approche du crépuscule de sa vie, Abraham, malgré les promesses répétées de Dieu lui garantissant une descendance innombrable, ne peut compter que sur deux enfants encore jeunes et déjà séparés par des rivalités. Entre Abraham et Nahor, qui peut véritablement se prévaloir d'avoir été béni et se targuer d'être le père d'une multitude ? Est-ce celui qui a pérégriné sur les terres de Canaan, ou celui qui est resté fidèle à la société de ses pères ?

Le texte biblique nous signifie ainsi qu'Abraham ne disposait pas de signes définitifs lui assurant qu'il suivait une voie de rectitude. Malgré la confiance qu'il plaçait en Dieu, il ne pouvait écarter la possibilité de s'être égaré ou d'avoir été trompé par son Seigneur. Par conséquent, il ne pouvait pas, sauf à se bercer d'illusions, recevoir les déclarations divines qui lui étaient adressées dans l'immédiateté de leur énoncé.

Les révélations hyperboliques faites à Abraham combinent intrinsèquement un double aspect, lyrique et ironique. Sur le versant lyrique, ces annonces soulignent la distance entre l'humain et le divin ; elles invitent à une foi qui accepte cette distance et, par la force de la croyance, transforme l'impossible en possible. Sur le versant ironique, l'hyperbole souligne l'impondérable du divin et la radicale incertitude dans laquelle est laissé le croyant, soulignant la nécessité pour ce dernier d'engager un effort d'interprétation et de réflexion approfondie sur la véritable signification de ce qui lui est transmis.

C'est ainsi, dans un esprit paradoxal alliant confiance infinie et doute profond, mêlant la nécessité de se remettre entièrement à Dieu et l'obligation d'agir avec responsabilité dans le monde, qu'Abraham répond à l'appel de Dieu et s'y conforme. En quittant la maison de son père, il n'ignore pas les risques qu'il prend, les dangers qu'il fait courir à ses proches, ni l'opposition qu'il suscite au sein de sa famille d'origine. Il s'engage sur un chemin semé d'embûches, pleinement conscient que la relation transcendante qu'il embrasse ne lui garantit ni succès ultime ni survie. Pourtant, il choisit de croire en sa vocation. Sans anticiper la manière – glorieuse ou tragique – dont Dieu accomplira ses promesses, il veut croire qu'il sera honoré, de son vivant même, en tant que père d'une multitude, que sa descendance héritera de la terre promise et que, par lui, toutes les familles de la terre seront bénies.

Déplacement géographique et renouvellement de soi

L'ambition d'Abraham – son désir de quitter les rives familières de son existence passée pour s'élever vers une vie

accomplie et glorieuse – implique une profonde métamorphose intérieure. En se dépouillant de ses attaches originelles,
et en faisant le deuil des structures relationnelles façonnées
par ses premiers liens familiaux et sociaux, Abraham s'engage
dans un processus de renouvellement et de découverte de soi.

Il est d'ailleurs devenu coutume d'interpréter le parcours
d'Abraham comme une métaphore de la transformation
personnelle et spirituelle. Guilhen Antier (2016) rappelle ainsi
que « la migration comme déplacement géographique vaut
métaphore d'un déplacement intérieur : dans son devenir
subjectif, l'être humain est toujours quelque part un migrant
nomade de l'existence, constamment rerouté par une parole
l'invitant à sortir des déterminismes qui le plombent et des
conditionnements qui le paralysent ».

Toutefois, le propre du cheminement abrahamique réside
dans la relation qu'il suppose avec un tout-Autre. C'est d'en-
haut qu'Abraham est appelé à renaître ; c'est dans la relation
à l'altérité radicale qu'il a vocation à recevoir son nom et à se
construire véritablement. Ainsi, selon Jean-Jacques Peillon
(2019), « Abram, et celui qui tient la promesse, Abraham, ne
sont pas le même. Il y a un arrachement à soi qui nous conduit
d'un sujet qui serait sujet par identité à soi – ce qu'en termes
philosophiques Paul Ricœur nomme mêmeté – à un sujet qui
serait sujet par non-coïncidence à soi, comme tout-Autre,
comme porteur d'un mouvement de transcendance – ce que
Ricœur nomme l'ipséité ».

Celui qui laisse la transcendance l'habiter ne devient pas
étranger à lui-même. Au contraire, il est conduit vers la vérité
la plus solennelle de son être, vers ses potentialités profondes
et essentielles. À travers chaque épreuve et chaque révélation,
il accède à un état plus authentique de réalisation de soi et de
bien-être. Ainsi, Rachi, l'éminent commentateur juif du

Moyen-Âge[32], comprend l'appel adressé à Abram – « Va pour toi, de ta terre, de ton enfantement, de la maison de ton père, vers la terre que je te ferai voir » (12:1) – comme une invitation à se tourner vers soi-même, à s'engager sur la voie du bien et du bonheur : « Va vers toi, va pour toi, pour ton bien, pour ton bonheur », écrit-il.

Cependant, ce chemin vers soi n'est pas solitaire. En s'ouvrant à Dieu et en s'élevant vers ses plus hautes possibilités, le sujet ne perçoit plus son histoire, sa vocation, ni sa réussite de manière isolée, mais en lien avec celles des autres. Abraham est appelé à incarner cette exigence de façon emblématique, sa destinée divine étant dès l'origine présentée comme inséparable de celle de toutes les familles de la terre.

Ces quelques remarques nous permettent d'apprécier la distance considérable qu'Abram doit parcourir, c'est-à-dire l'ampleur de la transformation personnelle et collective qu'il doit accomplir, pour se conformer à l'idéal auquel il est destiné. Entre sa situation initiale de repli sur soi et d'infécondité, représentée par son mariage endogame, la mort de son frère et la stérilité de son couple, et l'état final d'ouverture universelle et de fécondité prolifique vers lequel il doit tendre, symbolisé par le titre de « père de la multitude », il existe un fossé immense, qui semble humainement impossible à combler.

Il est donc raisonnable de s'attendre à ce que la migration d'Abram pour devenir Abraham, c'est-à-dire les réformes fondamentales nécessaires pour qu'il atteigne la stature universelle à laquelle il est appelé, ne se réalisent pas du jour au lendemain. Ce processus exigera un long cheminement, des

---

[32] Rachi, de son nom complet Rabbi Shlomo ben Yitzhak (1040-1105), est un éminent rabbin et érudit juif médiéval. Il est surtout célèbre pour ses commentaires exhaustifs sur la Torah et le Talmud. Son héritage est si important que ses commentaires sont souvent imprimés en parallèle avec les textes de la Torah et du Talmud dans les éditions classiques de ces ouvrages, témoignant de son rôle central dans l'étude juive.

efforts assidus, des remises en question profondes, des sacri-
fices et des rechutes. Mais cette transformation nécessitera
également l'intervention divine, sans laquelle rien ne serait
possible – étant bien entendu que les desseins de Dieu restent
mystérieux et que ses voies sont impénétrables.

Le voyage en Égypte

Ayant quitté la terre de ses ancêtres, Abram arpente les
chemins de la promesse. De Sichem à Béthel, de source d'eau
vive en source d'eau vive, à chaque étape, il élève un autel en
l'honneur de Yahvé, ou plante un arbre, invoquant le Dieu
d'éternité. Toutefois, ce périple semble l'avoir appauvri. Parti
de Ḥaran avec « tous les biens qu'il avait acquis » (12,5), il se
voit contraint de descendre en Égypte lorsque la famine frappe
les terres de Canaan.

À son arrivée en Égypte, Abram éprouve une profonde
inquiétude pour sa vie. Il sait que son épouse Saraï est d'une
grande beauté et il craint que les Égyptiens ne le tuent pour la
prendre. Cette appréhension est loin d'être infondée, compte
tenu des abus fréquents dont sont victimes les personnes en
situation de précarité[33]. Abram imagine donc un subterfuge :
il demande à Saraï de se faire passer pour sa sœur, de se
présenter comme une femme libre, une fille à marier. De cette
manière, il ne constituerait plus un obstacle à sa prise et
resterait sauf. Il pourrait aussi espérer recevoir des avantages
matériels, une dot pour le mariage de « sa sœur », et
reconstituer ainsi sa prospérité perdue.

---

[33] Thomas Römer rappelle que « l'exploitation des immigrés (*gērîm*) est
chose fréquente contre laquelle le code de l'Alliance met en garde (Ex
22, 20 : « Tu n'exploiteras ni n'opprimeras l'immigré, car vous avez été
des émigrés au pays d'Égypte »). De même, les puissants ne semblent
pas être toujours très respectueux des mariages. On peut penser ici à
l'histoire de David et Bethsabée en 2 S 11, où David n'hésite pas à faire
tuer le mari de Bethsabée. Jg 5,30 reflète la coutume, en cas de guerre,
de tuer les hommes et de s'emparer de leur femme » (2023 : 95).

Le stratagème tissé par Abram déploie ses effets avec une efficacité remarquable. Pharaon, envoûté par la beauté de Saraï, la prend pour femme. En échange de ce qui lui semble être un précieux trésor, il comble Abram de dons somptueux : « du petit et du gros bétail, des ânes, des esclaves, des servantes, des ânesses et des chameaux » (12,16). Cependant, Pharaon ne tarde pas à découvrir la supercherie. Voyant les calamités s'abattre sur sa maison, il comprend qu'il a été dupé et qu'il a commis, à son insu, un grand péché. Pharaon ne punit pas Abram pour sa tromperie, mais le renvoie en Canaan avec « sa femme et tout ce qu'il possédait » (12,19-20). Dès lors, Abram pourrait se targuer d'avoir été béni : ne retourne-t-il pas sain et sauf à Canaan, enrichi ?

Toutefois, cette réussite ne parvient pas à masquer l'incontestable bassesse et la duplicité de son comportement. En répondant à l'appel de Dieu, Abram s'était engagé à renoncer à ses vices, à ses péchés, ainsi qu'aux traditions figées de ses ancêtres. Mais à peine s'est-il engagé sur ce chemin que se révèle en lui un visage déshonorant, bien éloigné de ce que l'on attendait de l'élu de Dieu. D'abord, il abandonne le pays que son Seigneur lui avait désigné pour se rendre en terres étrangères : au lieu d'affronter l'épreuve qui se présentait à lui, il choisit de fuir vers la facilité. Puis, il fait preuve de lâcheté, en privilégiant sa propre sécurité au détriment de la protection de son épouse. Enfin, il manifeste une cupidité malsaine pour les biens matériels, monnayant la dignité de sa femme pour un bénéfice personnel.

Les exégètes anciens, et les Pères de l'Église en particulier, ont tenté de justifier les actions d'Abram, mais en vain[34] : les

---

[34] Saint Chrysostome et Saint Ambroise ont trouvé dans cet épisode matière à un éloquent panégyrique en l'honneur de la chasteté de Saraï, qui accepta, par dévouement envers son époux, de mettre sa pudeur en péril. Saint Augustin se montre encore plus indulgent, allant jusqu'à défendre Abram. Il affirme qu'Abram était justifié de mettre en danger la pudeur de sa femme pour sauver sa vie, car sa survie est essentielle à

événements survenus en Égypte offrent peu de place à une interprétation indulgente. Comme l'ont souligné d'autres commentateurs[35], Abram, par une ruse soigneusement calculée, a sacrifié l'honneur et la vertu de son épouse pour s'enrichir. On pourrait même dire qu'il s'est comporté comme « le maquereau de sa femme »[36]. Pour parvenir à ses fins, il n'a épargné aucune indignité, recourant même à la manipulation émotionnelle en formulant son plaidoyer en termes de

---

la préservation de l'alliance avec Dieu. Calvin reprend l'argument d'Augustin : « Il n'y a nul doute qu'[Abram] eût mieux aimé mourir cent fois que de jeter à l'abandon le renom de sa femme et être privé du mariage de celle qu'il aimait uniquement. Mais quand il pense que l'espérance du salut est enclose en lui, qu'il est la fontaine et la source de l'Église de Dieu, que la bénédiction en vain est promise à lui et à sa femme sinon qu'il vive, il n'estime plus sa vie par une affection particulière de la chair mais, parce qu'il ne veut pas que l'effet de la vocation divine s'évanouisse par sa mort, il est touché par ce grand soin de garder sa vie au point qu'il méprise toute autre chose. Il mérite jusque-là d'être loué, qu'ayant droite fin de vivre, il est prêt à racheter sa vie de quelque prix que ce soit » (1961 : t.1, 201). Ces justifications sont difficilement recevables pour la simple raison qu'Abram n'a jamais véritablement couru un danger mortel en Égypte. Pharaon finira même par le renvoyer sans le châtier. Ce sont sa lâcheté et la faiblesse de son caractère qui l'ont conduit à exagérer le danger et à abuser de sa femme. Dès lors, les commentaires des Pères de l'Église apparaissent pour ce qu'ils sont : un exemple éloquent d'interprétation réductrice, guidée uniquement par les préjugés de la confiance, qui transforme de manière artificielle les aspects négatifs du récit en occasions de célébration ou d'apologie.

[35] « Don Calmet, examinant la conduite des deux époux, dit qu'Abraham exposait Sarah à l'adultère et que la femme paraissait y consentir. Origène prétend que ce patriarche non seulement dit un mensonge, mais même qu'il trahit et abandonna la chasteté de son épouse. Faustus le Manichéen appelle Abraham un infâme marchand de la pudeur de sa femme qu'il vend à deux rois pour satisfaire son avarice (…). Quant à Voltaire, il rit de tout son cœur, surtout en songeant que cette autre Hélène avait quatre-vingt-dix ans » (Le Grand dictionnaire universel du XIXᵉ siècle, cité par Vanel, 1984, 244-5).

[36] Expression que Jean Calvin utilise, mais pour la récuser.

survie et en culpabilisant sa femme : « Ils me tueront, lui dit-il, tandis que toi, ils te laisseront vivre » (12,12).

Par sa conduite, Abram perpétue des pratiques archaïques et dégradantes envers les femmes, qu'il aurait dû rejeter. Il continue de traiter son épouse selon les normes les plus rétrogrades de son époque, la considérant comme un être assujetti à sa domination et dépourvu de volonté propre, un simple objet à sa disposition. En présentant sa femme comme sa sœur, c'est-à-dire comme une femme issue de « la maison de son père », Abram démontre qu'il n'a pas encore réellement entrepris le chemin de l'exil, mais qu'il est resté symboliquement dans le lieu maudit qu'il s'était promis de quitter. Bien qu'il ait physiquement abandonné la terre de ses ancêtres, il n'a pas encore amorcé le voyage spirituel qui le rendrait digne de l'alliance et des bénédictions divines.

La soumission de Saraï

En Égypte, Saraï demeure entièrement soumise à son mari. Elle n'objecte en rien à sa manœuvre odieuse et semble se résigner au rôle méprisable qui lui est imparti. Elle apparaît dépouillée de toute qualité de sujet, réduite à n'être qu'un instrument de protection pour Abram et un objet de désir pour les Égyptiens.

Cette situation n'est pas nouvelle. Avant les événements d'Égypte, Saraï occupait déjà la position déplorable qui est la sienne en exil. Son nom est alors mentionné à quatre reprises, dont trois fois comme objet du verbe *lâqah* (« prendre »). « Ainsi, précise André Wénin (1998), Saraï est "prise" pour femme par Abram (11,29), puis "prise" deux fois pour être emmenée – par [son père] Tèrah d'abord (11,31), par son mari ensuite (12,5). Chaque fois, son nom est précisé par la mention du lien familial qui l'attache à un homme : "femme d'Abram" en 11,29, "belle-fille" de Tèrah et "femme d'Abraham son fils" en 11,31, et enfin "sa femme" en 12,5 ». En Égypte, Saraï est de nouveau « prise » (*lâqah*) par Pharaon pour « femme » (12,19).

Saraï demeure ainsi captive des mœurs archaïques de ses ancêtres. En ce début d'épopée, elle incarne la femme passive, vivant dans l'ombre de son mari, qui renonce à elle-même et se soumet à la volonté autocratique de ceux qui la gouvernent.

Cette réalité est, d'une certaine façon, signifiée par son nom même. Saraï signifie « Ma Princesse »[37]. En la nommant ainsi, son père l'honore sans doute. Mais il la place néanmoins dans le giron de sa cour, sous la férule de son règne idolâtre. Il lui attribue, à elle dont la généalogie est occultée, une place dans un système familial rigide et archaïque. En épousant Abram, Saraï ne quitte pas le cercle paternel et ses servitudes ; au contraire, elle y demeure captive, puisque son époux est aussi son demi-frère. Comme l'observe Marie Balmary, Saraï est quatre fois liée à celui qui l'a appelée « Ma Princesse » : « Son père est aussi son beau-père ; le même homme est encore père et beau-père de son mari » (1995 :137). Saraï ne s'appartient donc pas ; elle est irrémédiablement captive de son lignage, de la maison de son père, des traditions de sa terre natale, ainsi que des aspirations et des fantasmes de son époux.

Comme l'ont souligné nombre d'exégètes, la résignation dont fait preuve Saraï en Égypte n'est pas dénuée d'amour pour Abram. Cependant, cet amour aurait été plus authentique si elle avait affirmé son désir légitime d'être reconnue pour

---

[37] Nous adoptons l'explication traditionnelle donnée au nom « Saraï » (cf., par exemple, Balmary, 1996). Thomas Römer (2023) conteste cette interprétation, la jugeant abusive d'un point de vue linguistique en hébreu : il estime que Saraï signifie simplement « Princesse ». Pourtant, l'explication traditionnelle trouve une justification dans les commentaires rabbiniques du Talmud de Babylone, qui montrent que le nom de Saraï était bien compris dans le sens de « Ma Princesse » par les académies juives anciennes : « La Guemara explique : Initialement, elle était princesse uniquement pour sa nation : Ma princesse, mais finalement, elle est devenue Sarah, un terme général indiquant qu'elle était princesse pour le monde entier » (*Berakhot*, 13a).

elle-même. Si elle avait agi ainsi, n'aurait-elle pas incité son mari à abandonner ses craintes, ses mensonges et ses tendances les plus dépravées ?

L'ironie narrative dans la requête d'Abram

La façon dont Abram présente la situation à son épouse à leur arrivée en Égypte, et formule sa demande honteuse, est frappante. Abram ne s'embarrasse ni de dissimulation ni de détours ; il expose les faits de manière abrupte, adressant à sa femme une requête instante et implorante : « Voici, je te prie, je sais que tu es une femme belle à regarder… S'il te plaît, dis que tu es ma sœur » (12,11.13).

Au vu du caractère odieux du dessein d'Abram et de la façon dont il va effectivement traiter sa femme, il est difficile de percevoir dans sa demande une intention de positionner « Saraï en tant que partenaire », comme le suggère Wénin (1998). Ce dernier affirme qu'en « s'adressant à elle avec une prière », Abram fait de Saraï « son interlocutrice », lui ouvre « un espace de réponse », et lui offre « la possibilité de prendre part au jeu de l'élection et du rejet de la convoitise, lié à l'accomplissement de la bénédiction ». Une telle interprétation semble motivée par le désir de donner un sens positif à l'épisode et de trouver quelque aspect favorable au comportement d'Abram, là où, manifestement, rien ne saurait être qualifié ainsi.

L'exposé abrupt et le ton implorant de la demande apparaissent plutôt comme une ironie narrative. L'auteur du texte confère à la requête indécente d'Abram une forme incongrue, exagérément explicite et avenante, afin de faire ressortir des réalités sous-jacentes que le récit ne formule pas entièrement.

Le ton implorant de la requête souligne avant tout les peurs et le désespoir d'Abram : s'il supplie sa femme, c'est qu'il est désemparé et ne voit d'autre issue à leur situation difficile que le recours à l'expédient qu'il lui propose.

Cependant, cette sincérité et ces supplications contrastent nettement avec l'iniquité de la proposition. Ce contraste met alors en lumière l'insupportable légèreté d'Abram et son aveuglement. S'il s'adresse à sa femme avec tant de clarté et de bienveillance – « Voici, je te prie…, s'il te plaît… » –, c'est précisément parce qu'il ne mesure pas pleinement l'indécence de sa proposition.

De son côté, Saraï, en obéissant à une demande ignominieuse qui, en apparence, ne lui impose aucune contrainte, donne l'impression d'accepter de plein gré la dépravation à laquelle elle va être livrée. Elle démontre ainsi qu'elle est soumise et résignée face aux abus qu'elle subit.

En somme, l'ironie narrative – consistant à ce qu'Abram adresse une demande abjecte à sa femme, sans équivoque et sur un ton implorant – sert à mettre en lumière à la fois l'aveuglement d'Abram envers sa propre malveillance, et la résignation coupable de Saraï face à la domination abusive de son mari. En soulignant la défaillance des conjoints, le texte montre combien ils sont encore éloignés de Dieu et de leur vocation solennelle.

Il est important de noter que la déclaration d'Abram constitue la première parole adressée par un homme à sa femme dans la Bible. Ce fait souligne l'ancienneté du mal qui corrompt le lien conjugal et la relation entre les sexes.

L'asservissement de la femme et l'intervention de Dieu

L'épisode égyptien révèle ainsi qu'un mal relationnel profond, ancien, et largement inconscient, gangrène le lien conjugal entre Abram et Saraï. L'asservissement du sexe féminin prospère autant sur l'arrogante domination masculine que sur la soumission passive de la femme. Cette situation est acceptée comme allant de soi ; elle est enracinée dans les habitudes et cautionnée par des traditions séculaires. Mais, comme le prouve l'épisode égyptien, elle laisse chaque partenaire succomber à ses inclinations les plus viles, et mène à la dissolution du couple. Abram se laisse guider par ses peurs et ses désirs, tandis que Saraï n'est que l'ombre d'elle-même : elle n'est pas une partenaire égale dans la relation conjugale, mais la victime silencieuse des coutumes ancestrales et des faiblesses humaines[38].

Dans ces conditions, le couple élu, loin d'être un vecteur de bénédiction divine, sème le désastre et la mort sur son passage. Au lieu de répandre la rédemption, Abram et Saraï attirent sur l'Égypte le courroux du Seigneur et sont responsables des « grandes plaies » qui la frappent[39]. La justice de Dieu, elle-même, s'en trouve déformée : le châtiment infligé aux Égyptiens paraît en effet d'autant plus injuste que ces derniers ont agi de bonne foi, en étant trompés, et qu'ils ont traité l'étranger avec une certaine générosité. Ils ont accordé à Abram une dote importante, ont cherché à comprendre pourquoi il leur avait menti, et l'ont finalement renvoyé de leur pays, sans le spolier, « avec tout ce qu'il possédait » (12,16-20).

Bien que la mésaventure en Égypte se soit finalement bien terminée pour Abram et Saraï, le mal qui corrompt leur couple et les éloigne de leur vocation divine reste intact. Il est même difficile de voir comment ce mal pourrait être surmonté. Dieu éveillera-t-il ses élus à la vertu de l'altérité ? Par quels moyens les guidera-t-il vers une relation plus juste et équitable ?

Pourtant, tout n'est pas absolument sombre dans cette première étape égyptienne. Bien qu'il semble y avoir un fossé insurmontable entre la situation d'Abram et Saraï et la

---

[38] Le récit ne fait encore aucune mention de Saraï dans les appels ou les promesses de Dieu, pas même lorsqu'il est question de la grande nation qu'Abram doit devenir (12,2) ou de sa descendance qui héritera la terre (12,7).

[39] Les « plaies » font allusion aux dix calamités que Dieu inflige à l'Égypte, dans le livre de l'Exode, pour convaincre Pharaon de libérer les Israélites de l'esclavage. Les « plaies » visent ici à faire comprendre à Pharaon qu'il doit libérer Saraï.

destinée glorieuse à laquelle ils sont promis, le texte laisse entrevoir une faible lueur d'espoir. Il est en effet précisé que « Yahvé frappa de grandes plaies Pharaon et sa maison à cause de Saraï [littéralement : "sur la parole de (*'al devar*) Saraï"] » (12,17). Comme l'ont suggéré plusieurs commentateurs juifs anciens, dont les auteurs du *Bereshit Rabbah*[40] et Rachi, la formulation de ce verset laisse entendre que Saraï aurait élevé la voix pour protester de son sort. C'est en réponse à ses lamentations que Dieu serait intervenu et aurait châtié Pharaon. Même si elle n'a pas eu la force de s'opposer à son mari et de contester la violence subie, Saraï aurait finalement exprimé sa plainte, et Dieu l'aurait entendue.

Cette interprétation laisse entrevoir un frémissement de révolte chez Saraï, un début de volonté d'émancipation de l'état de servitude auquel elle est reléguée. La femme n'apparaît plus alors simplement comme une victime passive ; elle devient une figure capable de susciter l'intervention divine par son cri de détresse, ouvrant ainsi une voie vers la libération et la justice.

La naissance d'Ismaël

Depuis son départ du foyer paternel, Abram s'accroche à l'idée d'être béni de Dieu et guidé par les fils du destin. Fort de la foi en une révélation, il rêve d'une descendance aussi infinie que les étoiles qui illuminent le ciel nocturne. Pourtant, la fécondité refuse de sourire à son couple. Les saisons passent, et la stérilité demeure. Aux portes de l'automne de sa vie, Abram contemple l'aridité de son foyer, tandis que Saraï,

---

[40] Le *Bereshit Rabbah* (ou *Midrash Bereshit Rabbah*) est un recueil de commentaires rabbiniques sur le livre de la Genèse. Il fait partie de la littérature midrashique classique et constitue l'un des *midrashim* les plus anciens et les plus importants. On estime qu'il a été compilé entre les IIIe et Ve siècles de notre ère, en Palestine.

à l'apogée de sa beauté, voit s'éloigner la promesse de la maternité.

C'est sur cet arrière-plan que les premiers versets du chapitre 16 de la Genèse s'ouvrent, dévoilant une scène empreinte de désir et de conflit. Saraï, accablée par le chagrin de sa stérilité, propose à son mari de prendre Hagar, sa servante égyptienne, pour concevoir l'enfant qu'elle-même ne peut lui offrir. Abram accepte, et Hagar tombe enceinte. Toutefois, dès qu'Hagar ressent la vie grandir en elle, l'orgueil l'envahit et elle commence à mépriser sa maîtresse. Saraï, percevant ce changement, s'en prend à son mari et invoque la justice divine. En réponse, Abram remet le sort d'Hagar entre les mains de sa femme, qui traite sa servante avec dureté, la poussant à fuir dans le désert. Après un temps d'errance, Hagar est réconfortée par un messager divin, qui lui annonce la naissance d'un fils vigoureux et d'une longue descendance. Sur les conseils de ce messager, Hagar retourne auprès de sa maîtresse et se soumet à son autorité. Elle donnera à Abram un fils, qu'il nommera Ismaël.

Saraï ne s'appartient pas

La proposition de Saraï s'explique à la lumière de deux réalités propres à son époque. D'une part, dans une société patriarcale et polygame, la stérilité condamne la femme à une situation d'humiliation et de grande précarité. D'autre part, le recours à une mère porteuse était une pratique reconnue dans le Proche-Orient ancien, comme en témoignent le code législatif d'Hammurabi et certains contrats de mariage néo-assyriens[41]. Ainsi, il n'est guère surprenant que Saraï ait

---

[41] On trouve une allusion à cette pratique dans le code d'Hammurabi. « Si un homme a pris une *naditŭ* [une femme de haut rang associée au temple avec des privilèges économiques], et si celle-ci a donné à son mari une esclave, et si celle-ci met au monde des enfants, si ensuite celle-ci veut le même statut que sa maîtresse parce qu'elle a mis au monde des enfants, sa maîtresse ne pourra pas la vendre, elle lui fera une marque de

envisagé la maternité de substitution comme un échappatoire à son malheur. En suggérant à son époux de concevoir un enfant avec sa servante, elle ne commet aucun acte étrange au regard des normes et usages de son temps. Cependant, elle doit se contraindre à un geste difficile : offrir son lit conjugal à sa servante en la donnant à son mari « pour femme » (16,3).

Les exégètes ont toujours expliqué la conduite de Saraï par l'amour qu'elle porte à son mari. Ainsi, Jean Vanel écrit dans le livre qu'il consacre à la femme d'Abram : « Parce qu'elle veut avant tout qu'Abram réussisse sa vie, et parce que la réussite de sa vie passe par la réalisation des promesses de Dieu et la naissance d'un fils (…), Saraï organise elle-même l'union de son mari et de sa servante » (1984 : 104)[42].

Il ne fait aucun doute que Saraï éprouvait pour Abram un amour sincère et profond, forgé dans l'épreuve et le dévoue-

---

servilité et la comptera avec les esclaves ». Un meilleur parallèle se trouve dans un texte néo-assyrien, où un contrat de mariage stipule qu'une femme qui n'enfante pas peut se faire remplacer par sa servante et ensuite considérer les fils de celle-ci comme ses propres fils : « Si Ṣubātu ne conçoit pas ni ne donne naissance, elle peut prendre une jeune servante et comme remplaçante à sa place elle peut l'installer. Elle (Ṣubātu) suscitera de cette façon des fils, et ces fils seront ses fils (de Ṣubātu). Si elle aime la jeune servante, elle peut la garder, si elle la déteste, elle peut la vendre » (Römer, 2023 : 182). Ces textes montrent que « la coutume d'utiliser une servante comme substitut de l'épouse principale en cas de stérilité n'était pas seulement en vigueur [à Babylone] au deuxième millénaire avant J.-C., mais était encore en usage au milieu du premier millénaire avant J.-C. ». « Les enfants de la servante étaient alors considérés comme les enfants de l'épouse principale », qui « conservait un contrôle total sur la servante » (Grayson et Van Seters, 1975).

[42] Philon d'Alexandrie avait déjà écrit dans le même sens : « Comme elle était sans enfant et stérile, craignant que la maison aimée de Dieu ne fut laissée absolument vide de descendance, elle alla vers son mari et lui dit : "(…) Ne soyez pas victime de ma stérilité, n'allez pas renoncer par amour pour moi, à être le père que vous pouvez être (…). Aussi, ne tarderai-je pas à vous amener une femme qui suppléera à mon insuffisance" » (1966 : 114).

ment. Pour lui, elle avait arpenté des terres étrangères, affronté la famine et bravé les tourments de la guerre. Elle avait tout sacrifié, s'effaçant humblement, jusqu'à se perdre elle-même, pour que se réalisent les désirs et le bonheur de celui qu'elle aimait[43].

Toutefois, ce qui rend l'abnégation de Saraï sujette à interrogation est qu'elle est empreinte d'une culpabilité imposée de l'extérieur, implantée en elle par l'environnement masculin qui la domine. En effet, l'épouse d'Abram se sent doublement fautive : d'une part, parce qu'elle échoue à perpétuer la lignée de son mari, et d'autre part, parce qu'elle entrave la réalisation de l'alliance divine. Mais ces deux exigences, qui la rendent malheureuse, ne relèvent pas de ses propres ambitions ; elles lui sont dictées par les convenances de la société dans laquelle elle vit et par les ambitions démesurées de son époux. Si Saraï est persuadée que sa vocation première est de donner une descendance à Abram, c'est parce qu'elle a parfaitement intégré la vision du monde et les rôles de genre définis par la société patriarcale qui l'a vue naître. De même, si elle perçoit la stérilité de son couple comme un obstacle à la réalisation de la promesse divine, alors qu'elle n'a pas encore été appelée à prendre part à cette alliance, c'est parce qu'elle adopte le point de vue de son mari et épouse ses intérêts.

Ainsi, Saraï vit sa stérilité avec déshonneur et anxiété, jusqu'à se sacrifier aux désirs de son partenaire et aux impératifs de son clan. Ne parvenant pas à satisfaire ces

---

[43] Philon d'Alexandrie le souligne là encore avec force : Saraï « avait apporté mille preuves de son amour pour son mari, en abandonnant pour lui sa famille, en quittant sans hésiter sa maison, en errant continuellement et sans arrêt sur les terres étrangères, en supportant l'indigence dans les périodes de famine, en l'accompagnant à l'armée au cours des guerres. Toujours et partout, elle était là, ne négligeant ni lieu ni occasion – leur vie et les événements de leur vie étaient réellement une communauté – voulant partager aussi bien les honneurs et les malheurs » (1966 : 245-54).

attentes, elle se juge coupable et affirme que c'est Dieu qui l'empêche de concevoir : « Voici, je te prie, dit-elle à son époux, Yahvé m'a retenue d'enfanter » (16,2). Abram, fidèle aux préjugés de son époque, n'objecte pas, et laisse la culpabilité peser lourdement sur sa femme.

Comme nous l'avons déjà souligné à travers divers éléments textuels, Saraï, au début de l'épopée, est aliénée par sa soumission résignée à son époux et aux traditions ancestrales de son clan. S'il fallait une preuve supplémentaire de son aliénation, on pourrait la trouver dans le fait qu'elle reproduit, à l'instar de ceux qui subissent la domination, les mêmes abus de pouvoir et de violence dont elle est elle-même victime. Lorsque Abram lui permet d'agir à sa guise, Saraï s'empresse d'humilier Hagar. Elle se venge du mal qu'elle subit en le reproduisant sur celle qui est sous son autorité. Elle se libère momentanément de sa colère et de sa culpabilité en accablant celle qui ose s'émanciper des chaînes de l'humilité et des limites imposées par sa condition.

Saraï cherche à combler son manque sans Dieu

Dans son désespoir, Saraï ne se tourne pas vers Dieu pour implorer son aide, alors même qu'elle le tient pour responsable de sa situation. En envisageant une maternité de substitution, « elle cherche plutôt à contourner l'obstacle que Dieu constitue à ses yeux, dans l'espoir de combler le manque dont elle souffre » (Wénin, 2017).

André Wénin établit un parallèle entre Saraï et Ève. Il observe que, dans le début du chapitre 3 de la Genèse, Ève, influencée par le discours du serpent, voit Dieu comme celui qui frustre le désir de sa créature en lui interdisant l'accès à l'arbre de la connaissance du bien et du mal. Elle cherche alors à combler ce vide en prenant le fruit interdit, espérant devenir « comme des dieux », c'est-à-dire sans manque, ce qui est une illusion (3,1-5). De même, Saraï, estimant que Dieu empêche la satisfaction de son désir, entreprend de combler ce manque en instrumentalisant sa servante comme mère porteuse.

À la suite d'autres analystes, Wénin relève que la formule utilisée par Saraï dans sa proposition – « Va donc vers ma servante ; grâce à elle, peut-être aurai-je un fils » – signifie littéralement : « Va donc vers ma servante ; grâce à elle, peut-être serai-je construite (*'ibbanèh*) ». Cette expression inhabituelle souligne que Saraï espère se construire en tant que femme grâce au fils qu'elle compte avoir par l'intermédiaire de sa servante.

Or, ce n'est pas la première fois, remarque Wénin, que la Genèse évoque la « construction » d'une femme. Ève, elle aussi, est « construite », mais par Dieu et dans un rapport de vis-à-vis avec l'homme (2,22). En revanche, Saraï tente de se construire elle-même, indépendamment de Dieu et sans véritablement vivre l'altérité avec son mari.

L'erreur de Saraï ne réside donc pas seulement dans le fait d'avoir donné sa servante à son époux, ce qu'elle finira par reconnaître. Sa faute ne se limite pas non plus à s'être trahie en se pliant aux attentes d'une société oppressive, en se résignant à n'être qu'un instrument de procréation au profit de son mari et de sa gloire, ce qu'elle reconnaîtra également. L'égarement de Saraï, tel que le révèle le texte de la Genèse, est d'avoir ignoré Dieu, d'avoir voulu se construire sans lui, se condamnant ainsi à ne jamais pouvoir s'accomplir pleinement.

La proposition de Saraï et l'écoute d'Abram

Les analystes contemporains n'ont pas manqué de faire le lien entre la proposition de Saraï et celle que lui fait Abram en entrant en Égypte au chapitre 12. Thomas Römer (1999) observe ainsi que les versets de Genèse 16 « reflètent l'histoire de Genèse 12,10-20 en inversant les rôles » : « Dans Genèse 12, Abraham demande à sa femme de se faire passer pour sa sœur, la contraignant ainsi à coucher avec Pharaon. Sarah reste passive tout au long du récit. Dans Genèse 16, c'est Sarah qui prend l'initiative en suggérant à Abraham d'avoir des rapports sexuels avec sa servante, et Abraham suit, sans mot dire, les ordres de sa femme. D'ailleurs, les deux impératifs en Genèse 12 et 16 commencent de la même manière : "*Hinnéh-na*, [Voici, je te prie] ..." »[44].

Il est en effet remarquable que la proposition de Saraï à Abram – « Voici, je te prie, Yahvé m'a retenue d'enfanter. S'il te plaît, viens donc vers ma servante » – soit structurée de la même manière et utilise un langage d'affabilité similaire à celui de la requête d'Abram à sa femme : « Voici, je te prie, je le sais que tu es une femme belle à regarder… S'il te plaît, dis que tu es ma sœur ».

Dans les deux cas, le ton d'affabilité et d'obligeance de la requête traduit le désarroi du locuteur et sa volonté désespérée de trouver un remède à une situation de détresse : l'infécondité pour Saraï, et la crainte d'être tué pour Abram.

Cependant, comme nous l'avons montré précédemment, ce type de formulation relève de l'ironie narrative ; il sert à exprimer, au-delà du sens manifeste, des réalités sous-jacentes inaperçues par les protagonistes et non explicitées autrement par le récit.

Ainsi, Saraï parle à Abram avec empressement de son projet malheureux (« Je te prie… s'il te plaît… »), alors qu'elle ne réalise pas qu'elle est en train de se détruire elle-même et de compromettre leur union. De même, Abram avait proposé gentiment à Saraï de se faire passer pour sa sœur, sans percevoir pleinement l'indécence de sa proposition. Dans les

---

[44] Faisant le même parallèle, André Wénin (2017) relève que dans les deux cas, le partenaire interpellé ne formule aucune réponse. « C'est plutôt la personne demandeuse qui agit : Abram présentera Saraï comme sa sœur (12,18-19) et Saraï organisera l'union entre Abram et Hagar (16,3). Dans les deux cas également, une femme est "prise" (*lâqah*) et donnée à un homme : Saraï à Pharaon et Hagar à Abram ». Wénin ajoute que « dans les deux situations, la solution envisagée ne tient pas compte de Yhwh et de ses promesses ; elle consiste à renoncer à l'exclusivité du lien conjugal en permettant qu'un Égyptien s'y introduise ».

deux cas, l'ironie narrative – qui consiste à forcer le trait d'amabilité de la requête – permet de mettre en lumière l'aveuglement du locuteur face au mal qu'il commet, de souligner le décalage entre le bien qu'il croit accomplir (ou le moindre mal auquel il pense être contraint) et le désastre qu'il engendre de ses propres mains.

De plus, l'ironie narrative sert à dénoncer la docilité du conjoint à qui la demande inconvenante est adressée. L'amabilité exagérée de la proposition vise à faire ressortir la part de liberté laissée à l'autre, ou plutôt la marge de manœuvre dont il dispose, mais qu'il n'utilise pas. Ainsi, Saraï demeure passive en Égypte, résignée face aux manœuvres abusives de son mari. Sa soumission coupable apparaît d'autant plus clairement qu'Abram semble s'adresser à elle avec calme et sans violence. Quant à Abram, il ne s'oppose pas au projet de Saraï. Sans prononcer un mot, il suit les instructions de sa femme : « Abram écouta la voix de Saraï » (16,2). Tout comme Adam avait jadis écouté Ève lui offrant le fruit défendu, Abram écoute docilement sa femme et exécute ses suggestions.

Abram, simple complice ou véritable coupable ?

André Wénin reproche une seule chose à Abram : ne pas s'être opposé à l'initiative de Saraï. Au lieu de céder à la « demande » de sa femme et de suivre la voie illusoire qu'elle a tracée, Abram aurait dû repousser son artifice et l'aider à se construire véritablement. Il aurait dû « assumer son propre manque d'enfant » et « confronter Saraï à la réalité de son infécondité ». « C'est ainsi sans doute qu'il l'aurait respectée au mieux », et qu'il lui aurait permis « de devenir une femme, non pas comme elle l'entend, c'est-à-dire en adoptant un fils, mais dans le vis-à-vis, voire la confrontation avec un homme ». « C'est en effet en vue d'une relation de ce type que Yahvé Dieu "construit" la femme » (2016 : 115-120).

Toutefois, se contenter de critiquer la complicité docile d'Abram, comme le fait Wénin, revient à négliger la situation d'aliénation dans laquelle se trouve Saraï. Comme nous l'avons montré, Saraï ne s'appartient pas : elle est éloignée de Dieu, prisonnière de relations funestes d'inféodation, reléguée au rang de sujet mineur ou de femme-objet. Dans ces conditions, peut-on réellement considérer qu'elle ait été la libre instigatrice d'une décision aussi fondamentale que celle de recourir à une mère porteuse ? Si, comme on l'a vu, ses paroles et ses actions reflètent les désirs de son époux et les impératifs de la société où elle a grandi, alors ce n'est pas elle qui devrait être tenue pour responsable de ce projet, mais Abram.

Lorsqu'un méfait est commis et que l'identité de l'auteur demeure incertaine, il est coutume de se demander qui est le bénéficiaire potentiel de l'acte. Pour identifier le véritable coupable, la question essentielle à poser est : à qui profite le crime ?

Dans le cas qui nous occupe, il est évident que c'est Abram qui tire avantage de la maternité de substitution : c'est lui qui désire ardemment un enfant pour perpétuer sa lignée et confirmer la bénédiction divine qu'il croit avoir reçue. Le récit biblique le souligne d'ailleurs avec insistance au moment crucial de l'intrigue : « Saraï, femme d'Abram, prit Hagar, l'Égyptienne, sa servante (...). Elle la donna à Abram, son homme, à lui pour femme » (16,3). Abram apparaît ici à deux reprises en tant que bénéficiaire de l'arrangement (« à Abram », « à lui »). Ne serait-ce pas alors lui qui aurait envisagé de recourir à Hagar, la jeune et belle servante de Saraï ?

Il serait naïf de penser qu'Abram ait pu accepter de s'unir à Hagar et de concevoir avec elle l'enfant tant désiré, s'il n'avait pas éprouvé de l'intérêt, de l'attirance, voire une certaine affection pour elle. La suite du récit, comme nous le verrons, révèle son souci pour elle et témoigne de ses dispositions bienveillantes à son égard. Selon certaines traditions talmudiques, et d'après l'avis de Rachi lui-même, Qetoura, la concubine avec laquelle il vivra après la mort de Sarah et qui lui donnera six autres fils (25,1-2), n'est autre que Hagar !

Sans aller jusqu'à soutenir cette dernière hypothèse, il est difficile de ne pas admettre que le véritable protagoniste du drame n'est pas Saraï, mais Abram[45]. Incapable d'obtenir le fils tant désiré dans le cadre conjugal, il décide de l'avoir avec la séduisante Hagar. Il use de l'ascendant qu'il exerce sur sa femme et des droits abusifs que lui confère la société pour imposer l'expédient de la mère porteuse. C'est Abram qui introduit Hagar dans le couple, marginalise sa femme, et entreprend de construire sa descendance à travers une relation de substitution.

Dans un premier temps, Saraï se plie aux volontés de son mari et les adopte comme siennes. Mais, en fin de compte, elle s'emporte contre lui et le couvre d'imprécations, le tenant pour le véritable responsable du drame qui les frappe. « Que la violence qui m'est faite retombe sur toi ! » (16,5). Cette déclaration révèle que Saraï ne se voit pas comme l'instigatrice libre de l'arrangement avec Hagar, mais plutôt comme une protagoniste contrainte et violentée par son mari.

Un autre élément qui vient appuyer cette interprétation réside dans le fait que Saraï ne revendique jamais la maternité de l'enfant né de sa servante, bien qu'elle ait initialement exprimé l'espoir d'« avoir un fils » par son intermédiaire et que la législation en vigueur lui en reconnaisse le droit. C'est

---

[45] Gary et Fiona Millar (2021) arrivent à des conclusions similaires concernant l'épisode du péché originel. Ils estiment que « même si, dans les premières étapes, il semble que la faute principale incombe à Ève », en réalité, c'est Adam qui « est principalement tenu pour responsable ». Selon eux, cela ressort de la séquence où Dieu demande aux protagonistes de rendre compte des événements. « Dieu s'adresse à chacune des parties à son tour [Ève puis Adam], avec la claire implication que la responsabilité ultime incombe à celui qui est interrogé en dernier, c'est-à-dire Adam ».

donc à contrecœur, et sans réel désir de maternité par substitution que Saraï offre sa servante à son époux.

Pointer la culpabilité d'Abram n'innocente évidemment pas Saraï. Sa soumission résignée à l'ordre patriarcal, son acceptation des coutumes ancestrales les plus iniques envers les femmes, la facilité avec laquelle elle s'identifie à la cause et aux fantasmes de son mari, et l'oubli de Dieu dans lequel elle sombre si facilement, la rendent également coupable des malheurs qui l'accablent. C'est pourquoi il ne convient pas d'écarter le sens manifeste du texte au profit de la signification sous-jacente qu'il véhicule, mais de tenir fermement ensemble les deux lignes d'explication. C'est tout à la fois Saraï qui concède sa place d'épouse à Hagar et invite son mari à concevoir un enfant avec elle (comme le souligne le sens manifeste du texte), et c'est Abram qui renie sa femme, trahit le pacte conjugal, et commet l'adultère pour avoir un fils (comme le signifie le sens sous-jacent du récit).

La trahison conjugale, entre aveu et camouflage

Abram et Saraï portent tous deux une part de responsabilité dans cette douloureuse histoire de maternité de substitution. Toutefois, on peut légitimement supposer qu'Abram en fut l'architecte principal : c'est lui qui avait le plus à gagner d'un fils conçu hors mariage, et c'est lui qui détenait le premier et le dernier mot dans les décisions du couple. Pourtant, le narrateur choisit de mettre en exergue la responsabilité de Saraï et de dissimuler la culpabilité d'Abram et la trahison conjugale qu'il commet, en présentant l'affaire comme une intrigue initiée par sa femme.

Comment expliquer ce choix narratif ? Pourquoi l'auteur du texte couvre-t-il la transgression d'Abram sous le voile de la soumission complaisante de Saraï ?

Une première explication a déjà émergé : en mettant en avant le rôle de Saraï, le texte souligne que, dans une relation de couple marquée par des rapports de pouvoir abusifs, le partenaire subordonné n'est pas entièrement exempt de torts ni innocent des souffrances qui l'accablent. En se conformant à un ordre injuste, la victime devient, malgré elle, la protagoniste des abus qu'elle subit. Ainsi, Saraï, ayant intégré les normes sociales et les rôles de genre sexistes de la société de ses pères, se sent coupable de sa stérilité, s'enfonce dans une profonde mauvaise conscience et en vient à penser qu'Abram lui ferait presque une faveur en concevant un enfant avec sa servante. Elle finit par assumer l'offense qui lui est faite comme si elle en était l'auteure.

Toutefois, cette explication ne rend pas pleinement compte du choix narratif du texte, car la mise en scène de l'épisode masque, malgré tout, la faute d'Abram, et cette dissimulation pose question. N'aurait-il pas été juste de reconnaître ouvertement qu'Abram a commis une forme d'adultère, quand bien même sa femme y aurait d'abord consenti et que des coutumes ancestrales pouvaient en partie justifier son acte ?

A contrario, on pourrait objecter que le texte ne dissimule pas entièrement la gravité de la conduite d'Abram. Comme nous l'avons montré, une lecture attentive permet de comprendre qu'Abram a effectivement violé la foi conjugale en prenant Hagar « pour femme » (16,3).

En somme, il apparaît que le narrateur déploie un double jeu d'aveu et de dissimulation, de divulgation et de camouflage. Il navigue entre une volonté de révéler les réalités déplorables du drame conjugal et une tentative de recouvrir ces réalités ou de les requalifier en développements plus consensuels. Les enjeux et les raisons de ce procédé n'ont émergé qu'en partie ; ils restent encore largement à explorer et à comprendre.

Les répercussions inattendues de la grossesse d'Hagar

En tous cas, la grossesse d'Hagar a des conséquences imprévues. La nouvelle « femme » d'Abram, portant son enfant, se sent grandie et commence à s'émanciper de sa condition de servante. Saraï, qui avait initialement favorisé le projet de maternité de substitution, prend conscience de la gravité de son erreur et de l'injustice dont elle est victime. Voyant Hagar devenir arrogante et usurper sa place, elle renonce à la soumission qu'elle avait jusque-là observée et se révolte.

Brusquement, Saraï s'emporte contre Abram et l'accable d'imprécations : « Que la violence qui m'est faite retombe sur toi ! ». Consumée par la colère, elle accuse son mari de l'avoir tenue responsable de leur situation, de l'avoir tourmentée et trahie en prenant une autre femme, et en appelle au jugement de Dieu : « Que Yahvé soit juge entre moi et toi ! ». En invoquant Dieu comme juge, Saraï ne se pense plus comme une épouse soumise devant une obéissance résignée à l'arbitraire de son mari ; elle réclame justice en se plaçant implicitement au même niveau que son conjoint. La formule biblique qu'elle emploie signifie qu'elle se considère comme une victime en faveur de laquelle Dieu tranchera[46].

Abram cherche alors à apaiser la colère de sa femme en lui donnant carte blanche : « Ta servante est entre tes mains, fais-lui ce que bon te semble » (16,6). En ramenant Hagar à son statut de « servante », Abram exprime son intention de renoncer à en faire une nouvelle épouse, espérant ainsi mettre fin au conflit qui trouble son foyer. Mais Saraï en profite pour humilier Hagar, qui fuit. En chassant sa rivale, elle ne refuse pas simplement la maternité de substitution et le rôle d'épouse

---

[46] « L'expression juridique que [Saraï] utilise en appelle à un arbitrage de Dieu. Sous cette forme, elle est prononcée habituellement par une personne qui se sent dans son droit (Jg 11,27 ; 2 S 24,13.16 ; Is 5,3) et qui demande à l'arbitre de distinguer les parties en établissant les torts du coupable (Ex 18,16 ; Dt 8,16 ; Ez 34,17.20.22) en vue de faire respecter la justice (Gn 31,53 ; Nb 35,24 ; Is 2,4 ; Mi 4,3). En recourant à cette expression juridique, Saraï induit donc l'idée que, dans le litige qui l'oppose à Abram, c'est à Yhwh de trancher, et sans doute en sa faveur » (Wénin, 2001).

secondaire auquel elle avait été réduite ; elle revendique aussi son droit légitime dans l'ordre du couple et de la succession.

Le texte ne dit rien sur la réaction d'Abram devant la fuite de celle qui porte son enfant. Mais lorsque Saraï exigera, bien des années plus tard, qu'Hagar et son fils soient chassés à nouveau, il exprimera clairement sa tristesse et son désaccord (21,11). En tous cas, on peut aisément imaginer qu'Abram ait été soulagé de voir Hagar revenir dans son foyer, avec l'intention de se soumettre à sa maîtresse. Il est probable qu'il ait fait tout son possible pour persuader Saraï d'accepter ce retour.

Néanmoins, le nouvel arrangement qui se dessine au sein de la maison d'Abram se découvre ambigu. Saraï a été confirmée dans son statut d'épouse légitime, ayant autorité sur sa servante Hagar. Mais celle-ci n'est plus une simple domestique : elle est la mère de l'héritier tant attendu. Le chapitre 16 de la Genèse avait commencé par le constat désolant que « Saraï, la femme d'Abram, ne lui avait pas donné d'enfant » ; il s'achève par une déclaration encore plus désolante pour Saraï : « Hagar enfanta un fils à Abram, qui cria le nom de son fils : Ismaël. Abram avait quatre-vingt-six ans quand Hagar lui enfanta Ismaël ». Comme l'ont souligné certains commentateurs, en nommant son fils Ismaël, c'est-à-dire « Dieu entend », Abram croyait que cet enfant était né en réponse à ses prières et qu'il était l'héritier issu « de son sang » (15,4) que Dieu lui avait promis (Janzen, 1993 : 46).

La suite du récit révèle que la situation demeure inchangée pendant treize ans (16,16 et 17,1). D'un côté, Abram voit grandir son fils Ismaël et se réjouit de sa présence. Lui, qui avait toujours tant désiré un héritier, voit enfin son rêve se concrétiser. Cependant, son foyer demeure rongé par de vives tensions : son épouse est profondément insatisfaite, et son propre bonheur est loin d'être complet.

Saraï, quant à elle, languit dans l'échec. Bien qu'elle se soit révoltée, elle reste prisonnière d'une relation bloquée et se sent humiliée par l'honneur réservé à sa servante. Le rapport

entre les époux, autrefois marqué par la domination inconditionnelle de l'homme sur la femme, a certes évolué, mais sans
qu'une relation équilibrée ne se soit établie. Abram et Saraï
restent séparés par une profonde fracture qu'ils ne parviennent
pas à surmonter.

Cependant, dans ce sombre tableau, un développement
positif émerge et ne saurait être ignoré. Alors que la vie
conjugale d'Abram et de Saraï s'enlise dans les difficultés,
Hagar connaît une amélioration notable de sa situation. Elle
n'est plus cette servante anonyme condamnée à une irrévocable servitude ; elle devient la mère de l'héritier de la maison
d'Abraham. Ne faut-il pas voir dans ce renversement un signe
de la volonté divine ? Ne pourrait-on pas aussi considérer
qu'en choisissant de s'unir à sa servante et de l'élever au rang
d'épouse, Abram, malgré l'iniquité de son acte envers Saraï,
se soit inscrit dans sa vocation d'être un instrument de
bénédiction pour tous ? Ne faudrait-il pas admettre qu'à
travers cet épisode, Dieu, invoqué par Saraï comme juge, a
déjà commencé à faire entendre sa voix, en prenant parti pour
l'être servile et malheureux ?

L'âge critique de Sarah et sa stérilité

Avant de poursuivre la lecture du récit d'Abraham et
d'examiner l'épisode central de la révélation de la venue
d'Isaac, il est important de clarifier les questions relatives à la
stérilité de Sarah et à son âge biologique au moment où elle
reçoit l'annonce de sa prochaine maternité.

L'opinion commune, et la plupart des interprètes actuels de
la Bible, s'accordent sur le fait que Sarah, au moment de
l'annonce de la venue d'Isaac, est sinon une femme âgée, en
tout cas une femme stérile depuis longtemps. Les commentateurs estiment qu'un obstacle insurmontable – qu'il s'agisse
de stérilité, de ménopause ou de vieillesse – est imposé par
Dieu lui-même pour contrecarrer l'épanouissement de sa
promesse. Mais c'est précisément pour que, en fin de compte,

la gratuité de son amour éclate, et que l'évidence de son œuvre soit plus visible dans la longue histoire du salut.

En explorant successivement le concept biblique de l'âge, la question de la ménopause de Sarah, et les raisons possibles de sa stérilité, nous parviendrons à dissiper un grand malentendu. Nous finirons par comprendre que, lorsque Sarah apprend qu'elle va concevoir un enfant, elle n'est ni vieille, ni en âge critique, ni physiologiquement stérile.

La symbolique des âges

Quel sens donner à ces âges extraordinaires attribués à Abraham et Sarah dans la Bible ? Il est déjà difficile d'imaginer qu'ils aient quitté Ḥaran pour Canaan à 75 et 65 ans respectivement (12,4). Mais l'idée qu'Abraham devienne père à 86 ans (16,16), puis plus tard à 100 ans (21,5), et que Sarah donne naissance à 90 ans (17,17), défie toute expérience humaine ordinaire. Il en va de même pour les âges de décès des conjoints et de leurs enfants : Abraham meurt à 175 ans (25,7), Sarah à 127 ans (23,1-2), Ismaël à 137 ans (25,17) et Isaac à 180 ans (35,28).

Dans la culture biblique, comme dans de nombreuses autres traditions littéraires de l'Antiquité, les âges ont des significations symboliques[47]. Dans le contexte de la Genèse, la

---

[47] Casper Labuschagne a établi une corrélation convaincante entre l'âge de décès de certains patriarches et le nombre 17. Dans le système de la gématria (science numérologique liée à l'étude et compréhension de textes sacrés), le nombre 17 correspond à la somme des valeurs associées aux lettres du tétragramme YHWH (Yahvé) : 17 = 6 + 5 + 1(0) + 5, où Y = 6, H = 5 et W = 1(0). Or, le nombre 17 peut être décomposé de plusieurs manières : 17 = 7 + 5 + 5 ; 17 = 5 + 6 + 6 ; et 17 = 3 + 7 + 7. Les durées de vie des différents patriarches sont données par la multiplication des chiffres formant ces décompositions. Ainsi, l'âge d'Abraham est calculé comme suit : 7 x 5 x 5 = 175, celui d'Isaac : 5 x 6 x 6 = 180, et celui de Jacob : 3 x 7 x 7 = 147. Ces élaborations symboliques indiquent que Yahvé (dont l'un des chiffres symboliques est 17) est présent dans la vie des patriarches (2000 : 96-8).

longueur des vies vise avant tout à refléter la grandeur des personnages et leur importance dans l'histoire sacrée. On observe ainsi que la longévité des figures bibliques diminue progressivement à mesure qu'elles s'éloignent de la perfection originelle (Chauvin, 1996 : 99).

Les âges permettent également de représenter la durée du temps long ou de marquer des étapes spirituelles. Par exemple, plutôt que d'évoquer directement l'intensité de la souffrance d'Abram et la lourdeur de la peine de Saraï dans l'attente d'un enfant, la Genèse parle de la longueur du temps écoulé. Au lieu de dire, « leur vie était vide et malheureuse parce qu'ils étaient sans descendance », la Bible déclare : « ils ont vécu durant une vie extrêmement longue, dans l'attente de l'enfant qui leur était promis » (Vanel, 1984 : 52-53).

Le vieil âge d'Abraham et de Sarah pourrait aussi symboliser leur sagesse intérieure et la longue période de préparation qu'ils ont dû endurer avant de recevoir la bénédiction divine. Ainsi, dans ses homélies sur la Genèse, Origène estime à deux reprises que si on les appelle anciens, ce n'est pas en raison de « leur physique » ou de « leur âge », mais en vertu de « leur esprit » et de la maturité de leur cœur (Homélie III et IV).

Pour le reste, la longévité des personnages et leur capacité à enfanter à un âge avancé fournissent les éléments narratifs du miracle : dire que Sarah a donné naissance à l'âge de 90 ans, un âge où la femme est normalement ménopausée, revient à affirmer que cette conception aurait été impossible sans l'intervention spéciale de Dieu.

Le caractère symbolique des âges et des durées est bien sûr reconnu par l'ensemble des exégètes (à l'exception de ceux qui s'en tiennent à une lecture fondamentaliste et superstitieuse des textes). Pourtant, la plupart des analystes continuent d'interpréter ces âges de façon littérale, dès lors qu'ils considèrent que Sarah enfante effectivement à un âge avancé, qu'elle est en état de ménopause lorsqu'elle apprend la venue prochaine d'Isaac, et que la naissance de son fils défie les lois biologiques de la procréation. De même, la longue production littéraire et picturale a invariablement reproduit, au fil des siècles, la représentation d'une Sarah décrépite et d'un Abraham âgé recevant Isaac[48].

Il convient toutefois de noter qu'au-delà des mentions explicites de l'âge, le texte inclut diverses autres indications qui encouragent l'interprétation convenue. Tout d'abord, l'étonnement des protagonistes à l'annonce de la venue de l'enfant porte principalement sur leur condition physique et leur âge avancé. Abraham s'interroge : « Un homme de cent ans va-t-il avoir un fils, et Sarah, à quatre-vingt-dix ans, va-t-elle enfanter ? » (17,17) ; Sarah s'exclame : « Après mon déclin, j'aurai donc de la jouissance, et mon seigneur est vieux » (18,12). De plus, il y a les affirmations sans équivoque du narrateur, qui nous assurent que Sarah a toujours été stérile et qu'elle avait effectivement atteint l'âge critique de la ménopause lorsqu'elle apprend qu'elle deviendra mère : « C'est Saraï, stérile, pour elle pas d'enfanceau ! » (11,30) ; « Abraham et Sarah étaient avancés en âge, et la voie des femmes avait cessé pour Sarah » (18,11).

Cependant, nous allons démontrer qu'il n'en est rien. Une lecture attentive du texte révèle, en dépit des indications contraires, que Sarah n'est ni ménopausée ni décrépite au moment où elle reçoit l'annonce de sa future maternité. Elle est encore séduisante, pleine de vie et de vitalité. Bien qu'elle ne soit plus dans la fleur de l'âge, aucune femme ne rivalise avec elle en beauté, et elle demeure parfaitement apte

---

[48] La production picturale à travers les siècles a constamment représenté Sarah comme une femme mûre, voire décrépite. Que ce soit dans le thème de « Sarah présentant Hagar à Abraham » (Pieter Lastman, 1612 ; Jan Victors, 1645 ; Matthias Stom, 1650 ; Caspar Netscher, 1700 ; Giovanni Battista Tiepolo, 1720 ; Joseph-Marie Vien, 1749 ; Louis-Jean-François Lagrenée, 1781, etc.), ou dans celui d'« Abraham, Sarah et l'Ange » (Jan Provoost, 1520 ; Rembrandt van Rijn, 1646 ; Giovanni Andrea de Ferrari, 1665, etc.), dans toutes ces œuvres, Sarah est invariablement dépeinte comme une femme en âge avancé.

biologiquement à enfanter. Nous avancerons deux arguments pour étayer cette thèse : l'absence de pain dans le repas offert aux visiteurs qu'Abraham reçoit à Mamré, et la mésaventure avec Abimélek.

L'absence de galettes de pain

Lorsqu'Abraham reçoit à Mamré trois visiteurs en route vers Sodome, il les accueille avec une hospitalité exemplaire. Aussitôt, il se rend auprès de Sarah dans sa tente et lui dit : « Prends rapidement trois mesures de fleur de farine, pétris la pâte et fais des galettes ». Ensuite, il court au troupeau, choisit un veau gras et tendre, et le confie à un serviteur pour qu'il le prépare. Abraham présente aux visiteurs du fromage blanc, du lait et le veau préparé, tout en restant près d'eux sous l'arbre pendant qu'ils mangent ; mais il ne leur offre pas de galettes (18,6-8).

Les exégètes ont cherché à comprendre pourquoi Abraham n'a pas servi les galettes que Sarah avait préparées, se contentant d'offrir du fromage, du lait et le veau. Cette question a particulièrement intrigué les commentateurs juifs, car elle touche aux symbolismes liés aux prescriptions alimentaires de leur religion.

Deux références majeures du judaïsme, Rachi et Rabbi Meïr[49], nous fournissent la même explication. Abraham, écrit Rachi, « n'a pas apporté de pain, parce que la pâte était devenue impure, Sarah ayant recommencé, ce jour-là, à avoir ses règles ». L'opinion de Rabbi Meïr est rapportée dans le *Bereshit Rabbah* et dans le *Bava Metzia*[50]. Dans ces deux

---

[49] Rabbi Meïr est une figure centrale dans le Talmud. Il est considéré comme l'un des plus grands sages de la période des Tannaïm, les maîtres de la Mishna (premier recueil de la loi juive orale), qui ont vécu du premier au deuxième siècle de notre ère. Son nom véritable aurait été Nehoraï ; et Meïr (« celui qui illumine ») n'aurait été qu'un surnom.

[50] Le *Bava Metzia* fait partie de la Mishna et du Talmud de Babylone. Littéralement « la partie moyenne », il constitue la section intermédiaire

traités, on peut lire : « Efrayim Miksha'a, disciple de Rabbi Meïr, a dit au nom de Rabbi Meïr : Elle a commencé à avoir ses règles et la pâte est devenue rituellement impure » (*Bereshit Rabbah* 48,14) ; « Efrayim Miksha'a, disciple de Rabbi Meïr, a dit au nom de Rabbi Meïr : Abraham, notre ancêtre, ne consommait des aliments non sacrés que lorsqu'il était en état de pureté rituelle, c'est-à-dire qu'il traitait sa nourriture comme si elle était consacrée à Dieu. Et Sarah, notre matriarche, était en période de menstruation ce jour-là, ce qui rendait les produits cuits rituellement impurs, empêchant Abraham de les manipuler. Par conséquent, ils ne pouvaient pas servir de pain à leurs invités » (*Bava Metzia* 87a).

L'absence des galettes indique donc que Sarah n'était pas ménopausée lorsqu'elle a appris la merveilleuse nouvelle de sa future maternité. Cette réalité contredit l'affirmation du narrateur selon laquelle « la voie des femmes avait cessé pour Sarah » (18,11). Avant d'explorer le sens de cette contradiction, nous allons constater, à la lumière des événements impliquant Abimélek, que Sarah n'était ni vieille ni flétrie.

Abimélek est envoûté par Sarah

Après avoir reçu l'annonce de la naissance d'un enfant, Abraham et Sarah se rendent à Guérar, où règne Abimélek, souverain des Philistins. Abraham, craignant pour sa vie, présente à nouveau Sarah comme sa sœur. Abimélek, à l'instar de Pharaon avant lui, est dupé par cette ruse. Fasciné par la beauté de Sarah, il ordonne qu'on la lui amène avec l'intention de la prendre pour épouse (20,2).

Ce roi, paré de richesses et de puissance, possède un harem où de nombreuses femmes, concubines éclatantes de jeunesse et de beauté, rivalisent pour attirer son regard. Maître

---

du traité talmudique Nezikin – « dommages » – qui traite des lois civiles et criminelles.

incontesté de ses terres, il a le pouvoir de s'approprier toute femme qui lui plairait, sans limite ni contrainte. Aurait-il désiré une femme de quatre-vingt-dix ans, portant les marques du temps sur son visage, ridée et défraîchie par les années ? Quel intérêt aurait-il pour celle dont la jeunesse est lointaine, comparée à la fraîcheur des jeunes femmes qui peuplent déjà son sérail ? Jean Vanel en conclut qu'« il est impossible de considérer Sarah comme une vieille femme : elle est désirable aux yeux de ses prétendants, elle est jeune et jolie » (1984 : 50).

L'âge symbolique de quatre-vingt-dix ans ne reflète pas une vieillesse avancée. Si l'on veut malgré tout le traduire en un sens biologique, il pourrait signifier que Sarah a quitté la tendre floraison de sa jeunesse et approche d'un âge critique, représenté par le cap symbolique des cent ans. Si le chiffre cent marque l'achèvement de la période de fertilité, alors Sarah, à quatre-vingt-dix ans, serait dans la plénitude de sa quarantaine, une femme accomplie qui n'a rien perdu de ses charmes[51].

En tout cas, lorsqu'elle arrive à Guérar, Sarah ne ressemble en rien à cette vieille femme, ridée et courbée par l'âge, telle qu'elle est souvent représentée dans la peinture, la littérature et l'exégèse occidentales. Elle est encore telle que la décrivent les écrits talmudiques anciens lorsqu'ils évoquent sa jeunesse : « Sarah était exceptionnellement belle, et toutes les autres femmes, en comparaison avec elle, ressemblaient à des singes » (*Bava Batra* 58a). « Nulle vierge, nulle fiancée qui entre dans la chambre nuptiale ne sera jamais plus belle qu'elle. Plus que toutes les femmes, elle est pleine de beauté

---

[51] On arriverait à une estimation similaire en partant de l'âge de décès d'Abraham (175 ans en termes symboliques) et en considérant qu'il a vécu jusqu'à un âge très avancé pour son époque (équivalent à environ 80-90 ans en termes réels). Dans ce scénario, Sarah serait décédée à l'âge de 60-65 ans, et elle aurait entre 40 et 45 ans lorsqu'elle tombe enceinte d'Isaac.

et sa beauté l'emporte sur celle de toutes les femmes »
(Apocryphe de la Genèse[52]).

Dans ces conditions, il n'est pas surprenant qu'Abimélek ait
été envoûté par la beauté de Sarah. Il en était à tel point obsédé
qu'il en oublia ses propres épouses, concubines et servantes.
Le texte nous le signale en disant que « Dieu avait rendu
stériles toutes les femmes de la maison d'Abimélek à cause de
Sarah, la femme d'Abraham ». Ce n'est que lorsque le Philistin rend Sarah à son mari, et que ce dernier intercède pour lui,
que « sa femme et ses servantes » « purent de nouveau avoir
des enfants » (20,17-18). Ainsi, il apparaît, d'une part, que la
beauté de Sarah éclipsait toute autre, et d'autre part, que la
stérilité peut être, comme elle l'a été pour les concubines
d'Abimélek, une condition éphémère, liée à des facteurs
relationnels plutôt que physiologiques.

Les raisons de la stérilité de Saraï

Sarah n'est donc ni âgée, ni défraîchie, ni en état de
ménopause lorsqu'elle apprend qu'elle va devenir mère.
Cependant, n'est-elle pas stérile, incapable de procréer et de
se reproduire ? N'est-elle pas alors qualifiée de vieille ou de
ménopausée en raison de sa stérilité ? Serait-ce son infertilité
qui amènerait l'écrivain biblique à dire que Sarah est en âge
avancé et critique ?

Dès le début du récit, le narrateur, énumérant la descendance de Tèrah, père d'Abram et de Saraï, précise : « Et c'est
Saraï, stérile, pour elle pas d'enfanceau ! » (11,30). Cette
affirmation frappe comme une sentence irrévocable, comme
une malédiction. Mais comment la comprendre ? Quelles sont
les causes de cette stérilité si promptement proclamée de
Saraï ?

---

[52] Dans : Dupont-Sommer, A. (1959). *Les écrits esséniens découverts
près de la mer Morte*, Payot (cité par Vanel, 1984 : 187).

Le terme biblique employé pour dire que Saraï est « stérile » signifie littéralement « empêchée », « fermée » (Römer, 2023 : 70). La cause de cette stérilité peut être autant interne qu'externe, physiologique que psychologique.

Marie Balmary estime que l'infécondité de Saraï, révélée en lien avec sa généalogie, provient d'une emprise paternelle excessive. Saraï, nommée « Ma Princesse » par son père, ne s'appartient pas : « Demeurant à son père, elle ne peut être véritablement mariée à l'autre et n'étant symboliquement pas la femme d'Abraham, elle ne peut être fécondée » (1995, 137-141).

André Wénin (1996) prolonge cette analyse en liant la stérilité de Sarah au dysfonctionnement relationnel de son couple. Captive de relations aliénantes, Saraï réagit en somatisant sa souffrance. Son incapacité à procréer devient une manifestation de son malaise : « La stérilité de Saraï pourrait être une réaction somatique à une relation psychiquement mal engagée. C'est un peu comme si la femme, par son incapacité à concevoir, revendiquait, avant d'être mère, une identité propre qui fasse d'elle une femme, un sujet, au lieu de rester l'objet de la possession d'autrui ». La stérilité serait la réponse que le corps de Saraï oppose à la domination qu'elle subit, son refus inconscient d'être ignorée dans sa spécificité et réduite à sa seule fonction maternelle : « Sa stérilité apparaît ainsi de facto comme le refus d'être niée en tant que sujet » (Wénin, 2016 : 25).

Wénin note un détail narratif qui soutient cette interprétation. Lorsque le couple envisage de recourir à une mère porteuse, le narrateur rappelle que « Saraï, la femme d'Abram, n'avait pas enfanté *pour* lui » (16,1). « Ce constat, estime Wénin, pourrait signifier que c'est au profit d'Abram, "pour lui" que Saraï est restée stérile ». Le verset suggèrerait que Saraï aurait pu enfanter pour un autre, ou dans d'autres circonstances conjugales, confirmant que son malheur est lié à sa relation avec Abram.

Une remarque de Rachi renforce cette idée. Commentant le verset où le Seigneur promet à Abram une descendance nombreuse, Rachi écrit : « Sors de ton destin tel qu'il est inscrit dans les étoiles. (...) Abram ne doit pas avoir d'enfant, Abraham aura un fils. Saraï n'aura pas d'enfant, Sarah en aura » (Rachi, 1993). En recevant une nouvelle identité de Dieu, une nouvelle manière d'être au monde et de vivre leurs relations d'altérité, Abraham et Sarah, autrefois stériles, deviennent féconds.

L'étonnement de Sarah, lorsqu'elle apprend qu'elle va enfanter un fils, apporte un éclairage supplémentaire. « Elle se mit à rire en elle-même ; elle se disait : "Après mon déclin, j'aurai donc de la jouissance, et mon seigneur est vieux" » (18,12). À ce moment de l'histoire, Sarah ne rejette pas la possibilité d'une grossesse ; elle insinue simplement que son mari n'est plus en mesure d'avoir des relations sexuelles satisfaisantes. Elle semble ainsi lier sa stérilité à l'absence de plaisir dans leur intimité.

Dans son article *Critique féministe : Sarah rit en dernier* (2010), Susan Brayford indique que les anciens peuples d'Ougarit croyaient que la grossesse nécessitait l'orgasme féminin. Avec d'autres chercheurs, elle trouve dans le verset 18,12 (que nous venons de citer) la confirmation que « les anciens Hébreux pensaient également que le plaisir sexuel était nécessaire pour la conception ». Dans ses commentaires, Rachi marque également le lien entre la bénédiction de la fertilité et le plaisir charnel : « Je la bénirai, (dit Dieu). Et quelle est cette bénédiction ? Elle retrouvera sa jeunesse. Ainsi qu'il est dit : J'ai retrouvé le désir (Gn 18,12) ».

Ces remarques complètent l'explication de la stérilité de Saraï. Ce n'est ni une limitation organique, ni la fin naturelle de sa fertilité, qui l'empêchent de procréer, mais un déséquilibre relationnel, psychologique et symbolique lié à ses rapports avec son père et son mari, dont le symptôme est l'absence de jouissance sexuelle.

En somme, quand elle reçoit l'annonce de sa prochaine maternité, Sarah n'est ni vieille, ni ménopausée, ni organiquement stérile. C'est une femme séduisante et physiologiquement féconde, qui souffre d'une stérilité psychosomatique due à l'oppression qu'elle subit et à sa difficulté à s'affirmer en tant que sujet.

Cette clarification ouvre une nouvelle perspective d'interprétation, libre de toute croyance superstitieuse au surnaturel. La venue d'Isaac ne suppose plus une violation des lois naturelles, mais une guérison de l'âme et du corps, qui ouvre à Sarah les portes de la maternité. Cette guérison resterait miraculeuse et pourrait impliquer une action particulière de Dieu, mais elle ne contreviendrait plus aux lois naturelles et aux contraintes du monde, s'inscrivant pleinement dans l'immanence de la nature et de ses principes.

À quoi joue le narrateur ?

Il reste, comme nous l'avons relevé d'emblée, que le narrateur ne se contente pas de mettre en avant la longue stérilité de Sarah, il insinue également qu'elle est entrée en ménopause : « la voie des femmes avait cessé pour Sarah » (18,11). Que ce verset veuille effectivement signifier que Sarah n'a plus d'activités ovariennes et de règles nous est confirmé par Rachi, qui comprend précisément le verset en ce sens. Ce même Rachi, qui avait expliqué au verset 18,8 que Sarah « avait recommencé, ce jour-là, à avoir ses règles », écrit cette fois au sujet du verset 18,11 que « le cycle de l'impureté des femmes avait cessé pour elle ».

Nous sommes donc confrontés à une contradiction dans le texte. Le narrateur affirme que Sarah est dans un âge critique et avancé, alors qu'un ensemble de détails narratifs et la logique même du récit, nous montrent qu'elle est encore séduisante et physiologiquement fertile.

Cette duplicité narrative accentue le double discours que nous avons commencé à percevoir. Par des allusions, des demi-mots et des détails significatifs, le narrateur nous dévoile l'histoire dramatique et tourmentée d'un couple déchiré par l'infertilité, les passions et les épreuves de la vie. Simultanément, dans une lecture plus manifeste, il nous raconte cette même histoire transfigurée par le merveilleux, dépouillée de ses réalités les plus problématiques et embellie par les bénédictions divines. C'est comme s'il cherchait, sans l'occulter complètement, à recouvrir l'existence tourmentée d'Abraham et de Sarah par une autre, fabuleuse et magnifiée par le surnaturel, épurée de tout caractère tragique. Pourquoi cette construction narrative ? Que cherche-t-il à exprimer ainsi ? Que prépare-t-il ?

Pour mieux comprendre, nous devons encore poursuivre notre lecture et approfondir nos analyses. Nous devons également rester fidèles à notre méthode interprétative, et constamment allier l'herméneutique de la confiance à celle du soupçon. C'est en maintenant ce double regard que nous pourrons continuer à naviguer entre les strates contradictoires de sens, et progresser dans notre compréhension de l'épopée d'Abraham.

L'annonce de la venue d'Isaac

Treize années vont s'écouler depuis la naissance d'Ismaël et la révolte inassouvie de Saraï, avant que le divin n'intervienne à nouveau dans la vie d'Abram. Durant ce long silence, une tension sourde et persistante pèse sur les protagonistes du drame. Saraï, toujours profondément mécontente, supporte mal la présence d'Hagar. Abram, conscient de ce malaise persistant, sait que la situation de son foyer ne peut rester ainsi figée. Pourtant, il trouve une certaine consolation en observant Ismaël grandir sous son toit. Parvenu à la maturité de l'âge, il contemple cet enfant robuste avec une assurance nouvelle, teintée d'orgueil et de satisfaction, y voyant les prémices de ses rêves les plus chers.

Abram : acteur politique en Canaan

Abram ne limite pas son ambition à l'étroitesse de son cercle conjugal et de sa descendance charnelle. Il s'implique activement dans les affaires politiques et militaires de Canaan. À travers des péripéties que nous n'avons pas évoquées, notamment les épisodes guerriers, Abram dévoile une facette différente de sa personnalité.

Lorsque la guerre éclate dans la région du Levant, Abram commence par faire preuve d'une grande réserve. Soucieux de concorde et de paix, ou craignant peut-être plus prosaïquement pour sa vie, il refuse de prendre part aux conflits dévastateurs qui ravagent les terres de Canaan (14,1-10)[53]. Cependant, apprenant que les vainqueurs ont pillé les villes et emmené des prisonniers, y compris Lot, son neveu, Abram s'engage dans la tourmente de la guerre. Il mobilise une armée de 318 hommes aguerris et lutte avec ruse, efficacité et vaillance, jusqu'à récupérer tous les biens volés et libérer Lot ainsi que les autres captifs (14,10-16).

Fort de sa victoire, Abram aurait pu accaparer le butin et s'enrichir démesurément. Mais il refuse de prendre ce qui ne lui appartient pas, « pas même un fil, pas même une courroie de sandale » (14,23). Il se contente de la bénédiction de Melchisédek, roi de Salem et prêtre du Dieu Très-Haut, à qui il offre le dixième de tout le butin (14,18-20). Si, dans ses rapports familiaux, Abram a souvent fait preuve d'égoïsme et d'arbitraire, se montrant particulièrement lâche et avide lors de son voyage en Égypte, il agit différemment sur la scène

---

[53] Ces guerres opposaient les quatre rois de l'Est, dirigés par Kedorlaomer de l'Élam, aux cinq souverains de la vallée de Siddim. Les premiers représentent vraisemblablement les quatre empires régionaux : Babylone, Assour, la Perse, et les Hittites, voire déjà les Grecs (Römer, 2023 : 130). Les seconds figurent les rois cananéens, autrefois vassaux des puissances impériales, mais désormais révoltés contre elles. La confrontation aboutit à la défaite des rois locaux et au pillage des terres et des villes de Canaan.

politique et sociale. À travers ses engagements, il démontre qu'il sait être un homme de courage, de partage, d'échange et d'alliance, offrant ainsi une image plus conforme à celle attendue d'un allié de Dieu.

Abram ne devrait-il pas alors se comporter, au sein de son foyer, avec la même grandeur et noblesse d'âme qu'il manifeste dans son environnement politique et social ? La justice et la paix peuvent-elles prévaloir dans la société et parmi les peuples si elles ne règnent pas déjà au sein des familles ? Comment espérer un monde hospitalier et libre si le cercle familial ne reflète point d'abord ces idéaux ?

C'est sur ce fond de tensions et de réflexions qu'Abram entend de nouveau la voix de Dieu lui révélant la vérité de sa condition et la promesse d'un avenir insoupçonné. Sans surprise, cette nouvelle révélation concerne sa vie privée et sa relation conjugale.

L'économie de la révélation

Le livre de la Genèse présente deux événements de révélation annonçant la naissance d'Isaac : l'un au chapitre 17, à travers une intervention directe de Dieu dans la vie d'Abram (« Yahvé lui apparut et lui dit... » (17:1)) ; l'autre au chapitre 18, lors d'une rencontre avec trois visiteurs (« Abraham leva les yeux, et il vit trois hommes qui se tenaient debout près de lui » (18:2)). Les deux épisodes se terminent de la même façon, par le départ du Seigneur ou de ses représentants : « Lorsque Dieu eut fini de parler avec Abraham, il s'éleva loin de lui » (17,22) ; « Quand Yahvé eut fini de s'entretenir avec Abraham, il partit, et Abraham retourna chez lui » (18,33).

Dans les deux récits, Dieu indique la date à laquelle son annonce va se réaliser : Isaac, précise-t-il, naîtra « au moment où je reviendrai chez toi, au temps fixé » (18,14), « l'an prochain à pareille époque » (17,21). Ces indications montrent que les deux épisodes sont contemporains, suggérant ainsi que « l'alliance de Gn 17 et la visite en Gn 18, avec les deux annonces, forment une seule et même révélation pendant la centième année d'Abraham » (Fokkelman, 1999[54]).

Cependant, les deux récits mettent en lumière des aspects différents de la révélation divine. La première présentation insiste sur l'irréductible excès qui se manifeste dans l'expérience de Dieu : sans l'intervention divine, Abram n'aurait jamais pu comprendre pleinement la vérité de sa vocation, ni pressentir les bouleversements à venir dans sa vie de couple. C'est l'irruption d'un Tout-Autre dans sa vie, ses prières et ses expériences, qui lui ouvre des dimensions de compréhension et d'action qu'il n'aurait jamais atteintes autrement.

La seconde présentation souligne l'inscription de la révélation dans la continuité des recherches et des mûrissements existentiels. Si Abram s'ouvre à une perspective qu'il n'aurait pu envisager seul, cette perspective n'émerge pas sans effort, ni en rupture avec le cours normal des événements. La révélation découle de développements antérieurs, suppose un engagement déterminé, et requiert une rencontre exigeante avec autrui. Elle est décrite comme étant reçue de visiteurs réels et issue d'une discussion fraternelle avec eux.

En proposant deux récits parallèles de la même révélation, le texte suggère que celle-ci surgit d'une dialectique où se conjuguent l'initiative de Dieu et l'activité d'Abram, et dans laquelle se mêlent l'intensification de la prière, l'interaction avec autrui, l'ascèse du retrait et un cheminement effectif dans le monde.

Cela étant dit, il est également instructif de lire les deux versions de l'événement de révélation selon une séquence chronologique. André Wénin (2016) suit l'ordre textuel, en interprétant le banquet du chapitre 18, offert par Abram aux trois visiteurs, comme un repas d'alliance scellant l'accord conclu avec Dieu au chapitre 17. Pour notre part, nous choisirons de partir de la seconde présentation, celle du

---

[54] Cité par Wénin, 2016 : 170.

chapitre 18, pour mieux saisir par la suite la dimension transcendante de l'expérience d'Abram avec Dieu telle qu'elle est rapportée au chapitre 17.

Ce qui peut justifier de placer ainsi les événements du chapitre 18 avant ceux du chapitre 17 est que les étrangers n'apparaissent pas immédiatement à Abraham comme des représentants divins[55]. C'est progressivement, à mesure de son interaction avec eux, qu'il perçoit les « trois hommes » comme des envoyés divins et reconnaît en l'un d'eux son Seigneur Yahvé (cf. Ndele, 2023). C'est alors que l'annonce de la venue d'Isaac peut être comprise comme une révélation de Dieu, comme elle l'est au chapitre 17.

L'annonce faite à Sarah

Abraham fait preuve d'une générosité incomparable envers les trois étrangers de passage. Les accueillant avec une grande libéralité, il leur offre un festin digne de rois : un veau tendre, du lait frais et du fromage blanc. Toutefois, l'absence de galettes de pain à l'heure du repas ne passe pas inaperçue des convives. Elle provoque des sourires entendus, car tous comprennent la raison de ce manque. La conversation glisse alors naturellement vers Sarah, la noble et fidèle compagne du maître de maison (18,1-8).

Sarah, demeurant discrète dans l'ombre, à l'arrière de la tente, écoute en silence le dialogue en cours. Comme on peut

---

[55] On peut légitimement se demander s'il existe un lien entre les trois visiteurs qu'Abraham accueille dans sa résidence de Mamré à Hébron et ses trois alliés, « Aner, Eshkol et l'Amorite », qui l'avaient jadis accompagné dans ses entreprises guerrières pour délivrer Lot (14,24). En effet, il pourrait y avoir un lien essentiel entre la destruction de Sodome, la survie de Lot et sa retraite dans une grotte, d'une part, et la guerre qui a conduit au pillage des villes de Canaan et à la captivité de Lot, d'autre part. De son côté, la tradition chrétienne verra dans la visite des trois hommes une préfiguration vétérotestamentaire de la Trinité. Elle en conclura que le Dieu d'Abraham est véritablement le Dieu chrétien, en qui s'accomplissent les prophéties de l'Ancien Testament.

aisément l'imaginer, les invités ne tarissent pas d'éloges à son sujet. Sa beauté mystérieuse et envoûtante, éveillant l'admiration et l'envie jusqu'aux confins du Néguev et même en Égypte, est au cœur de leurs propos. Cherchant peut-être à flatter leur hôte, ou obéissant sans le savoir à une intuition prophétique, les invités prédisent qu'à l'ombre de ces chênes, où ils sont si chaleureusement accueillis, Sarah, d'ici un an, donnera un fils à Abram (18,9-10).

Ces paroles, Sarah, dissimulée derrière les pans de la tente, les entend. Aussitôt, un frisson la traverse, et elle ne peut se retenir de rire. Le flot des souvenirs et des regrets l'envahit. Elle revoit les jours sombres de sa stérilité, les nuits passées à pleurer dans le silence de la tente, l'ombre d'Ismaël planant sur ses aspirations déchues. Mais une étincelle d'espoir est prête à raviver la flamme de ses anciens rêves. Sarah se surprend à imaginer ce fils promis, cet enfant qui viendrait combler le vide de son existence, apportant avec lui une nouvelle lumière. Pourtant, la réalité est là, avec sa froideur implacable. Son mari, Abraham, approche de l'automne de sa vie, et elle, après tant d'années, pourra-t-elle connaître les délices de l'union féconde, qui lui ont toujours fait défaut (18:11-12) ?

Son rire, en cet instant, est un mélange de tout ce qui la compose : l'amertume d'une femme qui a trop longtemps attendu, l'ironie de l'espoir renaissant contre toute raison, et le désir profond, presque désespéré, de voir enfin ses rêves se réaliser. Ce rire est un éclat poignant de tristesse ancienne, de concupiscence frustrée et d'espérance entremêlées.

Ce rire, Sarah pense l'avoir étouffé en elle, mais il résonne dans l'air immobile de la tente. Que signifie-t-il ? Les regards des convives se croisent, chargés de questions muettes et de secrets inavoués. Abraham lui-même s'interroge. Il tourne un regard tendre et inquisiteur vers l'ombre de sa bien-aimée, se demandant ce que ce rire révèle des tourments intérieurs de sa compagne. Est-ce un éclat de cynisme né des années de stérilité, ou une fragile étincelle d'espoir qu'elle n'ose encore croire réelle[56] ?

Mise soudainement au centre de l'attention et saisie de peur, Sarah nie d'un geste le rire qui a trahi ses pensées les plus intimes : « Je n'ai pas ri ! ». Pourtant, tout le monde a bien entendu son rire cristallin et inconvenant. Les étrangers, son mari et Dieu lui-même semblent alors lui rétorquer : « Si, tu as ri ! » (18,15).

Du point de vue des visiteurs, ce « Si, tu as ri » résonne comme un reproche : Dieu n'accepte pas les accents d'arrogance, de doute et d'impudence que ce rire exprime. Sarah devrait se laisser guider par la lumière douce du consentement et de la fidélité, au lieu de s'enliser dans le ressentiment et la révolte. En demeurant l'épouse aimante, la compagne fidèle, la princesse d'antan, elle honorerait l'homme qui l'a choisie, le noble lignage auquel elle appartient et les devoirs qui lui incombent. Elle se ferait gardienne de la promesse et s'ouvrirait à la bénédiction de Dieu.

Cependant, on pourrait ne pas l'entendre ainsi. Le Dieu que Saraï a invoqué contre l'arbitraire de son mari chercherait-il à la réprimander ? Voudrait-il la faire renoncer à sa différence, à sa conscience, à son identité ? Non, Dieu voudrait plutôt l'encourager à exprimer ses sentiments et à donner une forme

---

[56] Abraham, en cet instant de suspension, prend pleinement conscience de la profondeur des sentiments qui agitent son épouse. Il découvre également que ce mélange d'ironie amère et de tendre espoir que donne à entendre le rire de Saraï résonne profondément en lui. Abraham lui-même a douté et ri à l'idée que sa femme puisse enfanter. Ainsi, la question que Dieu lui pose au chapitre 18 : « Pourquoi Sarah a-t-elle ri, en disant : "Est-ce que vraiment j'aurais un enfant, vieille comme je suis ?" Y a-t-il une merveille que Yahvé ne puisse accomplir ? » pourrait tout aussi bien lui être adressée. Dieu aurait pu lui demander, en réaction à ses paroles prononcées au chapitre 17 : « Pourquoi as-tu ri, en disant : "Un homme de cent ans va-t-il avoir un fils, et Sarah, à quatre-vingt-dix ans, va-t-elle enfanter ?" Y a-t-il une merveille que Yahvé ne puisse accomplir ? ».

fructueuse à ses révoltes refoulées. Derrière ce rappel en apparence sévère, « Si, tu as ri ! », on pourrait entendre une incitation à l'audace : « Si, tu as ri, et il est juste que tu aies ri ! Ne crains pas. Rejette la censure pudibonde et sexiste qui t'empêche de désirer, de te construire et d'inventer l'avenir ». Dans cette interprétation, Dieu ne considérerait pas la pulsion sexuelle féminine qui s'exprime par le rire comme indécente, et ne chercherait pas à la réprimer. Au contraire, il souhaiterait qu'elle trouve sa voix et sa place légitime dans le concert de la vie.

En tout cas, le rire de Sarah ne se réduit pas à une expression d'ironie et d'incrédulité ; il témoigne aussi de sa résilience et de sa capacité à puiser en elle la force de croire en un avenir qu'elle avait presque cessé d'espérer. C'est cette qualité que Dieu pourrait vouloir encourager et soutenir. De la même manière qu'il avait appelé Abram à quitter le monde tyrannique de ses ancêtres, Dieu inviterait Sarah à se tourner vers elle-même, à transcender le monde archaïque de son époux et à accueillir la promesse d'une aube nouvelle.

Mais, en fin de compte, comme le montrent les interprétations divergentes que nous avons évoquées, l'épisode du rire de Sarah ne se prête à aucune lecture simple et unilatérale. Cet épisode peut être interprété comme une injonction divine au consentement et à la répression des instincts, faisant de Dieu le garant de la préservation et de la continuité sociale. À l'inverse, on peut y voir un soutien divin à la révolte et aux aspirations de liberté, faisant de Dieu l'instigateur du changement et du renouveau vital. Comme nous le verrons plus en détail, le texte de la Genèse n'exclut aucune de ces perspectives ; il les cautionne toutes deux, situant ainsi la véritable démarche de foi dans l'articulation et la potentialisation réciproque des exigences opposées de la révolte et du consentement.

La révélation faite à Abraham

C'est à partir de l'incident du rire de Sarah et de ce qu'il laisse entrevoir qu'Abraham entreprend de méditer sur la vérité de sa situation et celle de son couple.

Porté par une révélation ancienne, Abram avait quitté la terre de ses ancêtres, emportant avec lui la promesse divine que sa descendance serait innombrable, semblable aux étoiles du ciel et aux grains de sable de la mer. Le Seigneur lui avait également promis que les terres de Canaan lui appartiendraient, ainsi qu'à sa postérité, pour l'éternité.

Treize ans après la naissance d'Ismaël, Abram croit toujours qu'il a vocation à être l'initiateur d'une lignée destinée à transcender les âges et les frontières. Déjà, il peut se prévaloir d'une première bénédiction : son aîné gagne en force et en habileté. En lui, on distingue déjà l'homme agile et puissant qui saura faire face à tous ses ennemis (16,12 ; 17,20).

Cependant, il y a loin de la coupe aux lèvres : une différence abyssale demeure entre sa maigre descendance actuelle et la lignée prolifique qui lui est promise, entre son humble parcelle sous les arbres centenaires de Mamré et les terres flamboyantes de Canaan. Que dire de l'écart entre les modestes œuvres de pacification qu'il a pu accomplir dans son environnement politique immédiat et son ambition de devenir l'élu divin par qui la bénédiction se répand sur tous les clans de la terre ? Les jours s'écoulent, tandis qu'Abram lève les yeux vers les cieux incandescents et songe que Dieu ne manque pas d'ironie. Par quel miracle et sous quelle forme accomplira-t-il la promesse de rendre sa descendance aussi nombreuse que les étoiles scintillantes dans le firmament ? Par quelle élévation et à travers quelles épreuves fera-t-il de lui un exemple de reconnaissance et de bénédiction universelle ?

En réponse à ses doutes, Dieu commence par lui rappeler les exigences de l'alliance : la gloire promise ne se concrétisera que s'il « marche en sa présence et devient parfait » (17,1). Or, compte tenu des événements passés, Abram ne paraît pas véritablement mériter la bénédiction divine. Certes, il a fait preuve de droiture dans la gestion de ses affaires publiques, et de courage dans ses engagements politiques, mais le bilan de son action domestique n'est guère reluisant : il a trahi le pacte conjugal, maltraité sa femme et sa servante, et montré que ses aspirations sont souvent étriquées et mesquines.

Toutefois, Abram croit fermement que son Seigneur ne l'a pas encore condamné. Il espère que Dieu se montrera clément, qu'il lui pardonnera, et qu'il déversera sur lui sa bénédiction, comme promis, afin que toutes les nations soient bénies en sa descendance. Mais cette espérance s'accompagne désormais d'une détermination nouvelle : Abram souhaite véritablement changer de vie, se dépouiller de l'homme ancien, et recevoir sa nouvelle identité. Il veut élargir ses perspectives, croître en humanité, et s'efforcer d'incarner, dans toutes les dimensions de son existence, les idéaux de compassion, de persévérance et d'accueil qui le rendraient digne de la bénédiction divine.

Cette résolution se voit confortée par le commandement de Dieu de changer son nom. Abram, qui signifie « le père est exalté », un nom lié à son père et à ses origines, doit être remplacé. Dorénavant, il sera dénommé Abraham, « le père d'une multitude », avec la mission d'incarner concrètement ce nouveau titre (17,4-5)[57].

---

[57] C'est dans ce contexte qu'il faut apprécier la réintroduction de la coutume millénaire de la circoncision. Bien que l'interprétation de ce rite dépasse le cadre de notre étude, il est pertinent de souligner, à la suite de plusieurs analystes, que cette pratique revêt une symbolique profonde. Tout d'abord, la circoncision joue le rôle de sacrifice résiduel, marquant la fin définitive du sacrifice archaïque des nouveau-nés. En outre, l'incision corporelle sert de marqueur d'identité et de différence, tant entre hommes et femmes qu'entre hommes circoncis et non circoncis. Certains analystes y voient également, sur le plan symbolique, une ouverture du cœur aux autres, une appartenance à la promesse divine et un engagement envers Dieu. Mais ce qui mérite d'être souligné, en lien avec notre propos, est que la circoncision est précisément appliquée à

On peut d'ailleurs observer qu'immédiatement après cet épisode de révélation, Abraham fait preuve d'une audace remarquable en intercédant auprès de Dieu pour sauver Sodome (18,20-33). Autrefois, il avait témoigné de sa bonté envers son neveu en le laissant choisir en premier la région où il souhaitait s'installer (ch. 13), puis en guerroyant pour le libérer de la captivité à laquelle il avait été réduit (ch. 14). Maintenant qu'il est animé par la volonté d'être une source de bénédictions pour tous, c'est la ville entière de Sodome qu'il s'efforce de sauver d'une destruction annoncée.

Mais revenons pour l'heure aux réflexions d'Abraham devant Dieu et à son dialogue avec lui. En méditant dans la prière sur l'épisode du rire et sur l'ensemble de sa situation conjugale, Abram prend pleinement conscience de l'insatisfaction profonde et du sentiment de manque qui affligent sa femme. Il réalise l'ampleur de l'injustice qu'il lui a fait subir, et reconnaît qu'elle a raison de rejeter la position insignifiante qui lui a été imposée. En écoutant son Seigneur, Abram comprend que Saraï ne doit plus être confinée à un rôle secondaire, dicté par les normes familiales et patriarcales. Elle mérite, elle aussi, de changer de nom : de ne plus s'appeler Saraï, « Ma princesse », mais simplement Sarah, « Princesse » (17,15), autrement dit de renaître à une existence nouvelle, affranchie de l'emprise abusive de ses pères, où elle pourrait enfin avoir un rôle, des aspirations, et une personnalité propre.

N'est-il pas évident d'ailleurs que cette femme, encore si belle et séduisante, aspire à être plus que la compagne d'honneur d'un homme qui l'a méprisée, ou la mère d'un héritier qui n'est pas d'elle ? Comme elle l'a clairement signifié lorsqu'elle a chassé Hagar, elle désire jouer un rôle à

---

l'endroit du corps symbolisant la rencontre des sexes et la domination masculine. Le sang qui coule du prépuce circoncis contraint l'homme à ne plus mépriser la femme en raison de ses règles. Il instaure une forme d'équivalence entre les sexes, au moment même où il établit une distinction entre l'homme et la femme.

part entière dans l'ordre du couple et de la succession. La seule position qui pourrait réellement lui convenir serait d'être à l'origine de l'enfant de la promesse. Et il serait juste qu'il en soit ainsi. Oui, Dieu veut que Sarah porte un fils et qu'elle soit, par lui, à l'origine de nations et de rois ! Cette révélation, à la fois vertigineuse et légitime, s'impose à Abraham avec une telle force qu'il la reçoit comme une divine illumination (17,16).

Il convient de noter qu'en répétant à l'identique l'annonce de bénédiction et de postérité nombreuse qu'il avait faite à Abraham quelques versets plus tôt (17,6), mais cette fois en faveur de Sarah – « Oui, je la bénirai, elle sera à l'origine de nations, d'elle proviendront les rois de plusieurs peuples » (17,16) –, le Seigneur accorde à la femme une visibilité et un rôle aussi déterminants que ceux attribués à l'homme en ce qui concerne la venue de la descendance. La femme n'est plus reléguée à un statut secondaire, ni réduite à une simple fonction de procréation ; elle est élevée au même rang que l'homme dans la grande œuvre de l'engendrement et de la transmission de la lignée.

Mais Abraham se demande : Sarah pourrait-elle vraiment lui donner un fils, après tant d'années d'échecs, alors que le temps cruel commence à marquer leurs visages et à courber leurs épaules ? Elle, qui demeure si courroucée contre lui, et de plus en plus audacieuse dans ses revendications et sa révolte, pourrait-elle redevenir la princesse de ses rêves, la mère d'une descendance bénie ?

La vision éblouissante de Sarah enfantant plonge Abraham dans un tourbillon d'amusement et d'effroi. Il en « rit » (*yitzḥak*) – de ce rire qui deviendra le nom de son fils – et « tombe face contre terre », prosterné devant Dieu, car la perspective de recevoir un enfant de Sarah, surgissant telle une lumière divine au milieu des ténèbres de ses interrogations, porte en elle une ombre menaçante (17,17).

On pourrait légitimement considérer que la révélation accordée à Abraham constitue, dans le différend qui l'oppose à sa femme, une intervention de Dieu en faveur de cette dernière. À la requête que Sarah avait formulée treize ans plus tôt : « Que Dieu juge entre toi et moi » (16,5), il semble que Dieu ait répondu en lui donnant en partie raison.

En tout cas, à ce stade de l'histoire, au moment où les visiteurs quittent Abraham et Sarah pour se rendre à Sodome, la situation du couple est loin d'être apaisée. Abraham s'est engagé à marcher en présence de Dieu et à devenir parfait. Il a pris conscience de l'injustice qu'il a infligée à sa femme et a compris que le désir de Dieu est qu'elle enfante le fils de la promesse. Mais comment réparer le mal qui a été commis ? Comment lever la malédiction de l'infertilité qui pèse sur leur couple ? Que peut-il faire pour que la volonté de Dieu s'accomplisse, sinon témoigner de charité et de patience envers sa femme ?

De son côté, Sarah n'accepte plus la condition qui lui a été imposée, et refuse d'être la spectatrice passive de sa propre existence. Secrètement, elle aspire à connaître les joies voluptueuses de la maternité qui lui ont été refusées. En riant, n'a-t-elle pas déjà anticipé en elle-même cette jouissance libératrice, et commencé à réintroduire le cycle biologique de sa fécondité verrouillée ? Mais, minée par le ressentiment, et audacieuse comme elle l'a montré, ne risque-t-elle pas de s'égarer dans les voies troubles de la révolte, loin du consentement nécessaire ?

Ainsi, sous le ciel étoilé de Mamré, dans l'intimité d'une rencontre, un simple rire aura éveillé des échos de promesses anciennes et de futurs incertains.

L'intrusion d'Abimélek

Abraham et Sarah se rendent à Guérar, une oasis florissante aux confins du Néguev. Tout comme en Égypte autrefois, Sarah captive les regards de tous ceux qui la croisent. Sa grâce et son charme envoûtent les cœurs, y compris celui du roi philistin Abimélek. Fasciné par la beauté de Sarah, il est prêt à renoncer à ses épouses et à ses concubines pour l'avoir.

Que fait Abraham ? Sans raison apparente, et en totale contradiction avec ses engagements envers Dieu, il présente Sarah comme sa sœur. Alors, l'inévitable se produit. Abimélek prend Sarah et l'emmène dans les fastes dorés de son palais.

Une nouvelle fois, les liens sacrés du mariage sont mis à mal. Abraham et Sarah ne se reconnaissent plus comme mari et femme, mais se définissent selon leur réalité généalogique prémaritale : Abraham présente son épouse comme sa demi-sœur, la « fille de son père, sans être fille de sa mère », et Sarah accepte cette présentation (20,12).

L'épisode du voyage à Guérar est négligé dans les analyses exégétiques, et il reste méconnu des lecteurs de la Bible. Les interprétations actuelles le considèrent comme une simple reprise de la mésaventure égyptienne. Ainsi, Thomas Römer, fidèle à son approche diachronique des textes bibliques, lit le récit du chapitre 20 comme un midrash de l'histoire égyptienne, une réflexion théologique sur le chapitre 12. Selon lui, Genèse 20 répond à « un certain nombre de questions et problèmes théologiques que pose Genèse 12 » : la nouvelle narration visant à clarifier les motivations d'Abraham, la réaction de Saraï, le type de relation qu'elle aurait entretenu avec le souverain qui l'a prise, la nature des plaies qui frappent le pays, ainsi que la raison d'être des richesses reçues par Abraham (Römer, 2023 : 102).

De même, André Wénin voit dans l'histoire d'Abimélek une répétition de la mésaventure avec Pharaon. Abraham serait « un récidiviste » qui « retombe dans ses travers de jadis ». Par crainte, nécessité ou lâcheté, il présente à nouveau Sarah comme sa sœur, facilitant ainsi sa prise. Mais Dieu intervient pour empêcher l'adultère et rétablir l'équilibre conjugal menacé. Selon Wénin, le récit montre que, même en terres étrangères, la providence divine veille sur la sacralité des pactes et sur l'intégrité de ses élus (2016 : 230-31).

Ces interprétations ne parviennent pas à tirer pleinement parti des élaborations du livre de la Genèse, ni à saisir la complexité du drame relaté. Comme nous allons le montrer, l'épisode de Guérar ne vise ni à clarifier les péripéties égyptiennes, ni à relater une rechute de l'élu de Dieu dans ses anciens travers ; il marque un développement nouveau et décisif dans l'histoire d'Abraham et de Sarah.

Deux épisodes en apparence similaires, mais en réalité incommensurables

Les événements survenus à Guérar diffèrent profondément de ceux qui se sont déroulés des années auparavant sur les terres de Pharaon. Autrefois, Abraham était menacé par la famine et contraint de se rendre en Égypte pour assurer sa survie. Cette fois-ci, aucune nécessité ne l'oblige à quitter Canaan. Mamré est une petite oasis prospère où il ne manque de rien : ni farine, ni lait, ni viande, ni fromage.

Dans le premier épisode, Abraham craignait que les Égyptiens ne le tuent pour s'emparer de sa femme : il avait explicitement lié la beauté irrésistible de Sarah à une menace de mort imminente (12,11-12). Dans le second épisode, en revanche, aucune menace ni crainte n'est mentionnée à son arrivée en terre étrangère. Abraham « séjourna à Guérar », précise le texte, sans inquiétude apparente, preuve qu'il était bien accueilli et en sécurité (20,1). Après coup, lorsqu'il devra s'expliquer devant Abimélek, il reprendra son argumentation ancienne : « Je m'étais dit : pour sûr, en cet endroit, il n'y a aucune crainte de Dieu ; ils me tueront à cause de ma femme » (20,11). Mais il s'agit là d'une justification *a posteriori*, d'un alibi de circonstance, avancé pour se tirer d'affaire. Dans l'ensemble, la manœuvre d'Abraham – qui revient littéralement à offrir sa femme au roi philistin – reste injustifiable. Elle est aussi incompréhensible, en première approche, que le geste de Sarah lorsqu'elle offrit autrefois sa servante Hagar à son mari.

Mais c'est l'évolution de la femme d'Abraham qui achève de démontrer qu'il n'y a rien de commun entre les épisodes égyptien et philistin. En Égypte, Saraï était soumise, résignée et impuissante face à la violence qui lui était faite : elle était restée silencieuse et avait tout juste pu se plaindre à Dieu, qui l'avait entendue. Depuis lors, elle a changé. Elle s'est révoltée contre les diktats de la société patriarcale, a rejeté la maternité de substitution qui lui était imposée, et refusé de considérer l'enfant d'Hagar comme le sien. Elle n'est plus Saraï, ainsi nommée par son père ou son mari, mais Sarah, la Princesse émancipée. Cette nouvelle Sarah est audacieuse : elle n'a pas hésité à rire au visage de Dieu et a nié l'avoir fait.

Pourtant, Sarah ne s'indigne pas d'être présentée comme la sœur d'Abraham. Étonnamment, elle accepte ce mensonge sans objection, et dissimule elle-même sa situation conjugale à Abimélek en lui certifiant : « C'est mon frère » (20,5). Sarah n'aurait certainement pas consenti à se faire passer pour la sœur d'Abraham si elle n'en avait pas eu le désir.

Il faut dire qu'Abimélek n'est pas un homme ordinaire. Mais contrairement à Pharaon, dont le prestige divin en tant que dieu vivant le distinguait, l'attrait d'Abimélek réside dans son humanité. Riche, puissant et reconnu, le charismatique roi philistin est une force de la nature, auréolé de jeunesse. Sa prestance et son pouvoir forment un attirail irrésistible, un aimant pour les regards et les désirs.

Sarah pouvait-elle demeurer insensible aux louanges flatteuses et aux attraits de la puissance ? Était-elle restée indifférente à l'attention ardente d'un homme aussi prestigieux que le roi des Philistins ? Lasse de la monotonie et des désillusions conjugales, et nourrissant secrètement le désir de connaître la volupté amoureuse que son mariage ne lui offrait plus, n'avait-elle pas entrevu en Abimélek une promesse de ravissement et d'émancipation ? Le roi philistin n'aurait-il pas résonné, par son simple être, comme un chant de liberté dans le cœur d'une Princesse longtemps enchaînée par les conventions et les attentes non satisfaites ?

Une relecture attentive du texte révèle donc une situation bien différente de celle qui avait prévalu en Égypte. Sarah, indépendante et audacieuse, loin d'être la victime d'une lâcheté de son mari, aurait elle-même voulu, et peut-être même orchestré, un stratagème pour se libérer des contraintes de son mariage.

Nos analyses du chapitre 16 nous avaient conduit à comprendre que l'initiative désespérée de Saraï, proposant à Abram de prendre Hagar pour femme, dissimulait en réalité un arrangement adultérin voulu et imposé par Abram pour assurer sa descendance. Ne serions-nous pas en présence d'un procédé narratif similaire ? Ne devrions-nous pas comprendre que ce qui est présenté à Guérar, au début du chapitre 20, comme une manœuvre capitularde d'Abraham, reflète en réalité une entreprise adultérine de Sarah ?

Cette interprétation soulève toutefois une question immédiate : pourquoi le narrateur biblique maquillerait-il, tour à tour, les actes adultérins d'Abraham et de Sarah, en les présentant comme des arrangements incongrus, orchestrés par le conjoint trompé ?

Nous avons montré que, dans l'affaire Hagar, il s'agissait avant tout de dénoncer la soumission coupable de Saraï. De même, on pourrait estimer que, dans l'épisode d'Abimélek, le narrateur cherche à faire porter la responsabilité à Abraham, reconnaissant que la trahison de Sarah trouve son origine dans les humiliations et frustrations qu'elle a endurées de la part de son mari. À cette fin, il est particulièrement pertinent de décrire les événements survenus à Guérar en les rapprochant de la mésaventure égyptienne et de la ruse autrefois utilisée par Abram. Cela permet de rappeler les causes profondes du dévoiement de Sarah et de son infidélité.

Dans les deux cas, cependant, le narrateur n'exonère pas le coupable, ni ne minimise la faute commise, puisqu'il laisse transparaître la réalité du drame. En soulignant la responsabilité de la victime, il cherche à montrer que l'adultère constitue toujours un échec de la relation, et qu'en ce sens, aucun des partenaires ne peut se dire innocent. Derrière la défection de l'un des conjoints se cachent toujours la lâcheté, la soumission, l'indifférence ou l'iniquité de l'autre.

Toutefois, ces explications ne suffisent pas à rendre compte de manière satisfaisante de l'étrangeté du procédé narratif. Cette manière de recouvrir l'adultère, sans pour autant le dissimuler, et d'évoquer la culpabilité du conjoint infidèle en mettant en avant la part de responsabilité du conjoint trahi, est trop troublante pour être entièrement justifiée par les raisons avancées jusqu'ici. L'auteur du récit n'aurait-il pas pu exposer les différentes dimensions du drame relaté et établir l'égale culpabilité des conjoints par une stratégie narrative directe et plus simple ?

Il subsiste donc des éléments essentiels dans les intentions de l'auteur, ainsi que des dimensions de signification dans l'histoire qu'il nous raconte, que nous ne parvenons pas encore à saisir pleinement. Pour ce faire, nous devons poursuivre notre lecture jusqu'au terme de l'épisode, sans relâcher notre exigence critique ni notre attention aux détails du récit.

Que s'est-il réellement passé entre Sarah et Abimélek ?

Séduit par la beauté de Sarah, Abimélek la prend pour lui, croyant qu'elle est la sœur d'Abraham (20,2). Mais, cette même nuit, le Seigneur lui apparaît en songe, le menaçant et lui révélant que la femme qu'il a prise est en réalité mariée. Abimélek plaide son innocence, et le Seigneur reconnaît la sincérité de son cœur (20,3-7).

Les premiers versets du chapitre 20 comportent deux affirmations catégoriques certifiant qu'Abimélek n'a pas touché Sarah, c'est-à-dire qu'il n'a pas eu de relations charnelles avec elle. La première provient du narrateur : « Abimélek ne l'avait pas approchée » (20,4). La seconde émane de Dieu lui-même : « Je ne t'ai pas laissé la toucher » (20,6). Ces deux déclarations se renforcent mutuellement, puisque le narrateur est réputé parler sous l'inspiration divine ou en son nom. Autrement dit, nous disposons non pas d'une, mais de deux attestations consécutives de Dieu certifiant qu'Abimélek n'a pas touché Sarah.

Les lectures convenues s'en tiennent à ces indications. Ainsi, André Wénin pense être sur un terrain solide en affirmant qu'« Abimélek prend Sarah mais ne la touche pas parce que Dieu ne lui permet pas ». Dès lors, ajoute-t-il, « le lecteur est rassuré : quand naîtra Isaac, il ne sera pas le fils du roi de Guérar » (2016 : 236-7).

Cependant, une lecture attentive du texte soulève des interrogations et suscite des doutes. Un ensemble cohérent d'indices, d'allusions et de détails significatifs suggère qu'Abimélek a vraiment eu des relations charnelles et adultères avec Sarah, et que Dieu a par conséquent fait preuve de duplicité en déclarant le contraire.

Tout d'abord, il convient de remarquer que Dieu ne se manifeste à Abimélek que la nuit de l'enlèvement, après que ce dernier a passé un certain temps avec Sarah. Si les deux suspects étaient réellement innocents, cela voudrait dire qu'ils n'auraient rien fait durant cette première soirée où leurs chemins se sont croisés. Mais peut-on adhérer à un tel scénario ? Peut-on raisonnablement croire qu'Abimélek, qui était consumé par une passion dévorante pour Sarah, ait délaissé l'étreinte de ses bras, après avoir obtenu son consentement, pour se laisser glisser doucement dans les bras de Morphée ? L'idée que deux âmes enfiévrées par la rencontre aient pu s'ignorer et choisir le sommeil plutôt que la passion semble peu crédible.

Le doute s'intensifie davantage à l'écoute du dialogue entre Dieu et le Philistin. À peine le Seigneur apparaît-il à Abimélek qu'il s'écrie : « Te voici mort à cause de cette femme que tu as prise, car elle est mariée » (20,3). Pourquoi le Seigneur condamne-t-il le roi philistin si ce dernier n'a commis aucune faute ? Dieu aurait dû utiliser une tournure conditionnelle et dire : « Tu serais puni de mort si tu prenais cette femme, car elle est mariée ! » Mais Dieu emploie un discours de constatation, souligné par la forme verbale *hinnéh* (« voici »), et informe directement Abimélek du châtiment qui l'attend pour ce qu'il a déjà fait : avoir pris une femme mariée, c'est-à-dire avoir eu des relations charnelles avec elle.

La réponse du Philistin est encore plus troublante. En bonne logique, s'il n'avait pas touché Sarah, Abimélek aurait dû protester vigoureusement de son innocence et demander à Dieu pour quelle raison il le condamne. Cependant, il ne fait rien de tout cela. Il dit : « Seigneur, la nation juste aussi la tueras-tu ? N'est-ce pas lui qui m'avait dit : "C'est ma sœur" et elle, elle aussi, ne disait-elle pas : "C'est mon frère" ? J'ai fait cela, le cœur intègre et les mains innocentes » (20,4-5).

Abimélek ne déclare pas qu'il n'a pas touché Sarah. Il cherche d'abord à dissuader Dieu d'envoyer ses fléaux sur le pays de Guérar. Sur un ton d'imploration, rappelant celui d'Abraham suppliant son Seigneur de ne pas détruire Sodome, il conjure Dieu de ne pas punir l'innocent avec le coupable, de ne pas tuer de manière indiscriminée un peuple innocent, pour le seul crime que son souverain aurait pu commettre, comme il avait puni autrefois l'Égypte pour l'adultère commis par Pharaon. Ensuite, il plaide les circonstances atténuantes. Il reporte la faute sur Abraham et Sarah, qui l'ont induit en erreur, et précise qu'il a agi sans connaître la véritable nature de son acte, dans l'innocence de son cœur et avec des mains pures. Sa défense, centrée sur l'ignorance et la bonne foi, plutôt que sur une négation ferme de l'acte incriminé, laisse supposer que l'adultère a bien eu lieu.

La réponse d'Abimélek laisse peu de place pour une interprétation qui chercherait à écarter l'hypothèse scandaleuse de l'adultère. Certains pourraient vouloir défendre l'idée que le crime confessé par Abimélek – ce « cela » qu'il a fait « le cœur intègre et les mains innocentes » – correspond simplement au fait d'avoir arraché Sarah à son mari. Mais cette interprétation ne résiste pas à l'analyse. En effet, Abimélek n'a pas enlevé Sarah de ses propres mains : « il envoya prendre Sarah » (20,2). De plus, s'il ne l'a pas touchée, pourquoi parle-t-il d'avoir agi avec « des mains innocentes » ?

Les commentateurs anciens et les grands rabbins du Talmud ont perçu la difficulté. Certains ont alors concédé qu'il y avait bien eu quelques contacts entre Abimélek et Sarah, réfutant ainsi les affirmations contraires de Dieu. Dans le *Bereshit Rabbah*, par exemple, on trouve la remarque suivante : « "Dans l'innocence de mon cœur" – c'est-à-dire qu'il y avait eu des touchers de mains ! » (52). Selon les auteurs de cette éminente somme du judaïsme, Abimélek aurait, en quelque sorte, tripoté Sarah ce soir-là, avant de se retirer dans ses appartements. L'ironie contenue de ce propos talmudique n'aura sans doute échappé à personne.

En réalité, tout laisse à penser qu'il y a bien eu adultère : les circonstances entourant l'enlèvement de Sarah, le déroulement des événements de la nuit qu'elle a passée loin de son époux, le dialogue entre Dieu et Abimélek, mais aussi les événements survenus le lendemain.

En effet, « Abimélek se leva de bon matin, convoqua tous ses serviteurs et leur rapporta toute l'affaire ». Puis le texte ajoute : « Les hommes eurent très peur » (20,8). Mais pour quelle raison les sujets d'Abimélek sont-ils saisis de peur ? L'auraient-ils été si aucun crime n'avait été commis ? Évidemment, non. Ils auraient plutôt ri de l'affaire. S'ils sont terrifiés, c'est parce qu'ils ont appris ce qui s'est réellement passé, en mesurent la gravité, et craignent d'être châtiés comme les Égyptiens l'ont été autrefois.

Aussitôt après avoir informé ses sujets, le souverain philistin convoque Abraham et lui demande : « Que nous as-tu fait là ! En quoi ai-je péché contre toi pour que tu aies fait venir sur moi et mon royaume un si grave péché ? Tu as fait à mon égard une chose qui ne se fait pas ! » (20,9). Abimélek reproche à Abraham d'avoir « fait venir » sur lui et son royaume un grave péché – et non pas, comme certaines traductions erronées, dont la TOB, le prétendent, de les avoir « exposés », lui et son royaume, à un grave péché. La nuance est significative : « exposer » au péché sous-entendrait qu'il n'y a pas eu de faute ; mais « faire venir » le péché implique qu'il y a bien eu un crime d'adultère[58].

En réponse aux protestations du Philistin, et pour justifier son inconduite, Abraham déclare avoir pris peur, pensant que les gens de Guérar n'avaient « aucune crainte de Dieu ». Puis, il ajoute : « Lorsque les dieux me firent errer loin de la maison de mon père, j'ai dit à Sarah : "Voici la faveur que tu me feras : partout où nous irons, dis de moi : C'est mon frère" » (20,13). Cette déclaration, comme nous l'avons souligné au début de notre analyse, reflète des nuances de frustration et de désillusion. Abraham s'exprime ici comme un polythéiste, évoquant les « dieux », et décrit son périple comme une errance marquée par le malheur. De tels sentiments semblent difficilement conciliables avec l'idée qu'il ne se soit rien passé entre Abimélek et Sarah. Mais ils prennent tout leur sens dès lors que l'on perçoit l'humiliation dans laquelle Abraham est plongé.

---

[58] Il est intéressant de noter que les termes employés par Abimélek pour qualifier la faute qu'Abraham a fait venir sur lui, « une chose qui ne se fait pas », sont les mêmes que ceux utilisés par Tamar, dans le livre de Samuel, lorsqu'elle repousse son demi-frère Amnon qui voulait coucher avec elle (2 Sm 13,12). Römer indique également que l'expression « grand péché » se trouve à Ougarit et en Égypte dans des contrats de mariage, ainsi que dans le *Conte des deux frères*, où elle désigne l'adultère (2023 : 282).

Que fait alors Abimélek ? « Il prit du petit et du gros bétail, des serviteurs et des servantes ; il les donna à Abraham et lui rendit Sarah, sa femme », en leur permettant d'habiter dans son pays où bon leur semble. Puis il dit à Sarah : « Voici que je donne mille pièces d'argent à ton frère ; ce sera pour toi comme un voile sur les yeux de tous ceux qui t'entourent et, vis-à-vis de tous, tu seras réhabilitée » (20,14-16).

Comment expliquer une telle réaction ? Si Abimélek était innocent et n'avait rien à se reprocher, s'il n'avait pas craint Dieu et voulu expier une faute, aurait-il réellement ressenti l'obligation de dédommager Abraham si généreusement et de lui offrir une hospitalité sans réserve ? Un homme sans culpabilité aurait plus certainement rejeté les justifications d'Abraham, l'aurait réprimandé pour sa tromperie et l'aurait expulsé de son territoire, comme Pharaon l'avait fait autrefois.

Si Abimélek offre à Abraham des cadeaux somptueux et la somme considérable de mille pièces d'argent[59], ce ne peut être que pour réparer un grand tort. Quant à Sarah, aurait-elle eu besoin d'être réhabilitée aux yeux de tous si elle n'avait pas été compromise dans une relation déshonorante ? Les témoins de l'affaire, « tous ceux qui entourent » Sarah et Abraham, ne peuvent en tirer qu'une seule conclusion : Abimélek a indemnisé le mari pour avoir pris sa femme en lui offrant serviteurs et bétail, et il a comblé celle-ci d'or et d'argent pour restaurer sa réputation ternie et effacer les stigmates de l'adultère.

Il convient de mentionner que la procédure d'indemnisation décrite dans le texte de la Genèse n'était pas étrangère aux mœurs et coutumes de l'époque. En se référant aux lois assyriennes et à l'Apocryphe de la Genèse, Moshe Weinfeld (1985) indique qu'il existait « une pratique répandue dans tout le Proche-Orient ancien pendant plus de mille ans », selon

---

[59] « Mille pièces d'argent représentent une somme énorme. Selon Es 7,23, c'est le prix de mille vignes. En Gn 23,15, Abraham paie 400 pièces d'argent pour le tombeau de Sarah » (Römer, 2023 : 284).

laquelle un homme qui aurait retenu la femme de quelqu'un d'autre [littéralement qui aurait « fait entreprendre un voyage à la femme d'un autre »], sans savoir qu'elle était mariée, pouvait se décharger de toute culpabilité en jurant qu'il ignorait l'état matrimonial de la femme et en versant une compensation financière au mari. C'est ce procédé qu'Abimélek aurait appliqué.

Ainsi, bien que Dieu l'ait déclaré innocent, Abimélek se comporte du début jusqu'à la fin comme s'il avait effectivement commis l'adultère avec Sarah.

La venue inattendue d'Isaac

Lorsqu'Abraham avait quatre-vingt-dix-neuf ans, son Seigneur lui annonça qu'il le visiterait à nouveau dans un an et que Sarah lui donnerait un enfant (17,21 ; 18,10). Peu après, le couple partit pour Guérar. À leur retour, « Yahvé visita Sarah comme il l'avait annoncé ; il agit pour elle comme il l'avait dit. Elle devint enceinte » (21,1-2). Son ventre, autrefois muet et infécond, s'arrondit sous la caresse d'une vie nouvelle. Celle qui avait été déclarée stérile se retrouve dans l'étreinte sacrée de la maternité.

Le fait que Sarah tombe enceinte juste après son escapade avec Abimélek, et que des indices textuels concordants suggèrent l'existence d'une relation adultère entre eux, conduit le lecteur à penser qu'Isaac serait un enfant illégitime. Or, l'auteur du récit n'aurait jamais laissé entendre que l'enfant tant désiré ait pu être conçu dans le cadre d'une relation adultère si tel n'avait pas été le cas. On peut donc en déduire qu'Abimélek est bien le père d'Isaac et que les indications contraires dans le texte visent à dissimuler cette réalité.

La perspective selon laquelle Isaac est le fils d'Abimélek demeure en marge des interprétations conventionnelles et des recherches contemporaines. À notre connaissance, seuls quelques commentateurs ont évoqué cette possibilité, sans apporter toutefois de preuves textuelles à l'appui de cette thèse, ni proposer une lecture de l'ensemble du récit qui soit cohérente avec elle.

Parmi eux, Gotthold Ephraim Lessing, éminent dramaturge et philosophe allemand du XVIIIe siècle, a exprimé le soupçon qu'Isaac ait pu être un enfant illégitime dont le père serait le roi Abimélek.

Cependant, les arguments présentés par Lessing sont peu convaincants. L'auteur commence par souligner « la concordance des temps », en notant que Sarah a conçu son fils peu après avoir séjourné chez Abimélek. Puis, il mentionne « divers petits détails dans la Bible » : (i) il insiste sur le rire associé au nom d'Isaac et sur celui qui entraîne l'expulsion d'Ismaël, expliquant ces rires par le fait que « leur père se soit si bien laissé berner » ; (ii) il relève une différence dans la manière dont Dieu évoque les deux fils d'Abraham dans Genèse 21,12-13 : Dieu lui annonce que c'est par Isaac qu'une descendance lui sera accordée, tandis qu'il désigne explicitement Ismaël comme *étant* sa descendance ; (iii) enfin, Lessing se demande si « la disposition d'Abraham à sacrifier Isaac » ne pourrait pas s'expliquer par le fait que cet enfant ne soit pas réellement le sien (1989-2001 : VIII, 617 et suiv.). On le voit bien, ces considérations demeurent fragiles : elles ne reposent pas sur une analyse approfondie du cycle abrahamique, ne s'intègrent pas dans une lecture narrative et théologique cohérente, et ne tiennent pas compte des éléments contraires présents dans le texte de la Genèse. Les thèses de Lessing relèvent de la pure spéculation et sont aujourd'hui déconsidérées par les chercheurs.

Les exégètes contemporains, n'ayant pas sérieusement envisagé la possibilité que Dieu ait pu mentir pour dissimuler l'adultère, ont écarté l'hypothèse scandaleuse. Ils n'ont pas approfondi la complexité narrative du récit génésiaque, se contentant d'une lecture immédiate du texte, et confortant l'idée réductrice de la naissance surnaturelle d'Isaac[60].

Pourtant, l'idée qu'Isaac ait été le fils naturel d'Abimélek n'était pas totalement étrangère aux interprétations talmudiques anciennes. Le *Bereshit Rabbah*, par exemple, commentant le fait que Sarah enfanta « au moment que Dieu avait fixé », fait insidieusement référence à Abimélek : « Rabbi Yudan a dit : Il est né après neuf mois [de grossesse], pour que les gens ne disent pas qu'il avait été pris dans le palais d'Abimélek » (BR 53,6). Cette remarque réfute l'hypothèse qu'Isaac ait été adopté par ses parents parmi les Philistins, mais pour mieux souligner que c'est bien à l'époque de leur séjour à Guérar qu'il a été conçu. Ainsi, le Talmud nous laisse à un petit pas de l'idée qu'Isaac ait pu être le fils du Philistin.

---

[60] Certains exégètes, tels que Marie Balmary et André Wénin, ont tenté de proposer des explications exemptes de surnaturel. Mais leurs explications s'avèrent peu convaincantes et insuffisamment fondées dans le texte. Ainsi, Wénin développe une interprétation de la soudaine fertilité de Sarah basée sur une lecture quelque peu théorique du rite de la circoncision. Il soutient que « consentir à la circoncision, comme Dieu y invite Abraham, revient à accepter d'être manquant, de ne pas avoir tout ou être tout, ce qui, tout en représentant une perte, est surtout une chance de s'ouvrir à l'autre dans une rencontre potentiellement féconde ». De ce point de vue, « le rite modifie radicalement la position du porteur de la bénédiction vis-à-vis de sa femme, en le libérant des effets néfastes de la convoitise ». Ainsi, poursuit Wénin, « si Abraham entre dans cette dynamique, il verra sa femme autrement, la reconnaîtra pour ce qu'elle est, princesse. En effet, le manque creusé en lui ouvrira à celle-ci une place comme partenaire dans une relation où l'un et l'autre seront complémentaires (aucun n'ayant tout, et chacun étant pour l'autre ce qu'il n'a pas). La bénédiction d'Abraham pourra alors parvenir à Sarah et leur relation ajustée pourra être féconde. Cela se concrétisera dans le don d'un fils, prémices de nations et de rois à venir » (2016 : 150-55). Bien que cette explication présente une certaine pertinence sur le plan psychanalytique, elle n'en reste pas moins une construction artificielle, abstraite et déconnectée du texte et des intentions de ses auteurs.

Le mensonge divin, comme offre de pardon

« Oui, je sais bien que tu as fait cela, le cœur intègre ; aussi, moi-même je t'ai retenu de pécher contre moi. C'est pourquoi je ne t'ai pas laissé la toucher » (20,6). Nous le savons maintenant, cette déclaration de Dieu ne doit pas être prise au pied de la lettre ; elle constitue un sublime mensonge, une manifestation de grâce bienveillante. Au lieu de punir les amants pris au piège de l'interdit, Dieu feint d'ignorer l'adultère et prétend être intervenu pour empêcher l'étreinte défendue.

Ce mensonge divin, cet oubli de la faute, ce pardon du péché, profite d'abord à Abimélek. Mais il lui est adressé sous condition de réparation : « Oui, je sais bien que tu as fait cela, le cœur intègre (…). Maintenant, rends sa femme à cet homme (…). Mais si tu ne rends pas la femme, sache que tu mourras, toi et tous les tiens » (20,6-7). Sage et craignant Dieu, Abimélek restitue Sarah à son époux légitime et s'efforce de rétablir l'harmonie au sein de leur couple.

On comprend ainsi que par l'intermédiaire d'Abimélek, c'est en réalité Abraham et Sarah que Dieu interpelle. En s'abstenant de les punir et en facilitant leur réunion, Dieu exprime sa volonté d'effacer l'offense et leur ouvre la voie du pardon. Il les encourage à revisiter leur passé douloureux et à redresser leur situation compromise, dans une perspective de renouveau et de réconciliation.

Par cette démarche, Dieu entreprend de transfigurer l'histoire d'Abraham et de Sarah. Ce faisant, il poursuit un effort amorcé depuis le début, dont on trouve les traces dans les reconfigurations narratives que nous avons repérées au cours de notre analyse, sans en saisir pleinement la portée. À plusieurs reprises, nous avons en effet été confrontés à des incongruités dont le sens demeurait en partie obscur. Nous nous sommes interrogés sur les raisons pour lesquelles le narrateur présente la décision d'Abraham de s'unir à la servante Hagar comme une initiative désespérée de Sarah, et pourquoi il décrit l'aventure extraconjugale de Sarah avec Abimélek comme un arrangement orchestré par Abraham. De même, nous nous sommes demandé pourquoi le narrateur suggère que Sarah est ménopausée, transformant la naissance d'Isaac en un événement surnaturel.

Nous avons maintenant la réponse à ces interrogations : le narrateur, tout en relatant les péripéties douloureuses vécues par Abraham et Sarah, superpose à leur histoire marquée par le péché une version transfigurée par la perspective du pardon de Dieu. Cette version, dépouillée de trahison et de malheur, efface le péché et esquisse, sous l'instigation de Dieu, la possibilité d'un pardon mutuel et d'un renouveau.

En effet, si Dieu a pardonné la faute, effacé le mal et supprimé toute trace de l'offense, il devient légitime d'affirmer, comme le fait le narrateur biblique, qu'Abimélek ne s'est jamais approché de Sarah, que Sarah est restée fidèle à son mari, et qu'Abraham n'a pas trahi son épouse en s'unissant à sa servante. Les actes de péché sont alors dissimulés et réinterprétés comme des solutions pragmatiques, adoptées par accord mutuel entre les époux, pour répondre à des nécessités pressantes. Quant à la naissance inattendue d'Isaac, elle est dépeinte comme le fruit d'une intervention divine, venant bénir un couple infertile qui avait longtemps souffert et attendu dans l'épreuve.

Dans la mesure où le pardon est authentique et effectif, l'histoire épurée que le narrateur tisse à partir de la réalité malheureuse du couple n'est pas une simple invention. Comme nous allons mieux l'expliquer, elle révèle la vérité du passé d'Abraham et de Sarah, telle qu'ils la reconçoivent et la vivent après s'être pardonnés. Cette réécriture narrative, en éliminant la trahison et le malheur, offre une perspective nouvelle et transcendante sur leur histoire, exprimant la possibilité d'une rédemption sous le signe éclatant de la réconciliation.

La voie du pardon

Une fois Sarah enceinte, les époux se trouvent face à une décision cruciale et inévitable : se séparer ou se réconcilier. Abraham pourrait choisir de répudier sa femme, comme la loi le lui permet, et déclarer l'enfant qu'elle porte illégitime. Il poursuivrait alors sa vie avec son héritier Ismaël, tandis qu'Isaac serait relégué au statut infamant de *mamzer*[61] et déclassé en paria. Alternativement, il pourrait suivre l'invitation divine à la réconciliation : pardonner à Sarah et reconnaître l'enfant qu'elle porte comme le sien. Sarah, de son côté, fait face à un dilemme similaire. Elle pourrait décider de reconstruire sa vie loin d'Abraham, auprès d'Abimélek ou d'un autre, ou bien revenir auprès de son époux et tenter de refonder leur couple autour de l'enfant tant attendu.

Sarah et Abraham choisissent de se pardonner mutuellement et d'embrasser le pardon de Dieu. Ensemble, ils décident d'accueillir l'enfant à venir comme le symbole vivant de leur espoir, convaincus que leur amour est plus fort que leurs dissensions. C'est ainsi que « [Sarah] enfanta un fils pour Abraham dans sa vieillesse, à la date que Dieu avait fixée. Et Abraham cria le nom de son fils, enfanté pour lui, que lui a enfanté Sarah : Isaac » (21,2-3). La récurrence de l'expression « son fils », la triple répétition de la formule « enfanté pour lui », et le rapprochement fréquent entre les noms d'Abraham et d'Isaac dans ces versets soulignent, sur le

---

[61] Dans la tradition juive, le *mamzer* désigne une personne née d'une relation interdite selon la loi juive, comme celles impliquant l'adultère ou l'inceste. Le *mamzer* est banni de la congrégation religieuse et ses descendants le sont également. Ses droits d'héritage sont minimes et aléatoires ; ses possibilités de fonder un foyer et d'avoir des enfants sont limités. Le *mamzer* ne peut se marier qu'avec une femme de sa condition, et ses enfants sont considérés comme des bâtards. « Un *mamzer* n'entrera point dans l'assemblée de l'Éternel ; même sa dixième génération n'entrera point dans l'assemblée de l'Éternel » (Dt 23,3).

plan discursif, le lien de filiation nouvellement créé entre « le père de la multitude » et l'enfant né de Sarah.

Il est important de noter que le texte utilise la même formulation lorsqu'Abraham nomme Ismaël et lorsqu'il nomme Isaac : « Abram cria le nom de son fils : Ismaël » ; « Abraham cria le nom de son fils (…) : Isaac ». Ce parallèle confirme l'égalité de statut des deux fils aux yeux de leur père.

La naissance d'Ismaël et celle d'Isaac couronnent les promesses divines formulées au cours des deux épisodes de l'alliance. D'une part, la naissance d'Ismaël réalise la promesse du chapitre 15, où Dieu annonce à Abram qu'un fils issu « de son sang » sera l'héritier de l'alliance (15,4). D'autre part, la naissance d'Isaac accomplit la promesse du chapitre 17, où Dieu informe Abraham que « Sarah va [lui] enfanter un fils », avec lequel l'alliance sera scellée (17,21). Les deux fils sont ainsi placés sur un pied d'égalité parfaite en ce qui concerne l'alliance et ses bénédictions.

Comment un tel dénouement a-t-il été possible ? Quelles conditions ont-elles permis à Abraham et Sarah de se réconcilier ? Quel a été le cheminement qui les y a conduits ?

Les conjoints n'auraient pu initier une démarche de pardon s'ils s'étaient obstinés dans l'accusation mutuelle ou le déni. Pour qu'une perspective de réconciliation ait émergé, chacun a dû confesser sa part de responsabilité, exprimer ses regrets et partager sa détresse. Chacun a dû également manifester sa volonté de renouer le lien conjugal brisé, et signifier à l'autre son désir de fonder une histoire différente de leur trajectoire passée.

Le rapport à Dieu s'avère ici essentiel. C'est devant lui que les protagonistes peuvent véritablement prendre conscience de leur culpabilité et supporter le fardeau honteux de leurs fautes. C'est aussi sous son inspiration qu'ils peuvent espérer trouver une voie pour échapper à leur passé malheureux.

Nous avons souligné qu'Abraham avait déjà reconnu devant Dieu ses manquements ainsi que l'injustice qu'il avait infligée à Sarah en lui imposant une maternité de substitution. Il avait également admis qu'il aurait été juste qu'elle soit la mère de ses héritiers. Ne pouvant surmonter l'infertilité de son couple, il s'était engagé à faire preuve de bienveillance envers sa femme. Certes, il n'avait jamais envisagé que Sarah puisse le trahir. Il avait même ri à l'idée qu'elle puisse enfanter, sans se rendre compte à quel point ce rire était empreint d'orgueil et d'aveuglement. Mais maintenant que Sarah est enceinte, et sans doute désemparée, la plus grande preuve de justice qu'il puisse lui offrir ne serait-elle pas de lui pardonner et d'accueillir l'enfant qu'elle porte comme le sien ?

On peut supposer que Sarah ait, de son côté, pris conscience du caractère destructeur de sa révolte et de l'égarement provoqué par sa concupiscence. Jamais elle n'avait imaginé sombrer dans l'abjection de l'adultère ni se retrouver enceinte d'un enfant illégitime. Elle avait elle aussi ri, d'un rire sarcastique, à l'idée même de concevoir un enfant. À présent, elle se rend compte à quel point ce rire était malavisé et passionnel. Cependant, le mal étant fait, ne devrait-elle pas adopter une attitude plus conciliante, admettre ses torts et chercher le meilleur compromis possible pour son fils et pour elle-même ?

Désormais, les conjoints sont suffisamment lucides sur eux-mêmes et sur leurs propres imperfections, pour se défaire de l'arrogance du dénigrement et reconnaître une certaine égalité entre eux. Sans minimiser la gravité de l'offense commise, ils sont disposés à confesser leur propre sentiment d'indignité et à exprimer leur volonté de reconstruire ensemble une relation renouvelée, transcendant le mal qui les sépare.

La détermination des époux à se retrouver est ancrée dans des sentiments profonds que ni le temps ni les erreurs ne parviennent à effacer. Dans son cœur, Abraham refusait l'idée d'abandonner sa femme, sa demi-sœur, sa princesse bien-aimée. Il ne pouvait envisager une existence solitaire aux côtés de sa seule servante Hagar. Pour lui, Sarah n'était pas simplement une compagne ; elle était l'incarnation de son histoire, de ses espoirs et de ses combats. Elle était celle sans qui son alliance avec Dieu ne pouvait se réaliser.

Sarah, de son côté, ne pouvait imaginer vivre loin de son époux et frère. Que ferait-elle dans le gynécée d'Abimélek ? Cet homme, dont le nom signifie « Mon-père-roi » avait pu la séduire dans un moment de faiblesse et d'égarement ; il l'avait même comblée de son étreinte et libérée de son infertilité. Pourtant, il ne représentait en rien l'idéal d'époux qu'elle désirait. Abraham restait l'ancre de son existence, l'être sans lequel tout avenir semblait impossible et loin duquel toute fuite paraissait vaine. Bien qu'elle se soit révoltée contre l'ordre ancestral qu'il perpétuait, et qu'elle ait ressenti profondément l'offense qu'il lui avait infligée, elle ne l'avait jamais renié, ni n'avait abandonné le désir ardent de fonder une descendance avec lui. La possibilité qui s'offre à eux aujourd'hui, celle de lui donner un fils, n'est-elle pas l'accomplissement de ses vœux et de ses désirs les plus intimes ?

À partir du moment où les conjoints se reconnaissent également pécheurs et aspirent à transcender les blessures du passé pour écrire ensemble une nouvelle page de leur avenir, ils deviennent capables de revisiter leur histoire commune et de reformuler les représentations psychiques et matérielles du drame qu'ils ont traversé. Il ne s'agit pas alors pour eux de nier la réalité douloureuse de leur histoire, mais de se libérer mutuellement du poids de la culpabilité et des chaînes d'un passé malheureux, en allant jusqu'à endosser la faute de l'autre comme la leur. Ainsi, Sarah pardonne à Abraham et accepte l'idée qu'elle ait elle-même proposé qu'il s'unisse à Hagar, tandis qu'Abraham pardonne à Sarah et assume le fait qu'il ait lui-même suggéré à sa femme de se faire passer pour sa sœur auprès d'Abimélek. Ensemble, ils peuvent aussi reconnaître que l'enfant inattendu qui leur vient est véritablement le fruit d'un miracle, l'enfant de la promesse.

Cet ensemble de reconfigurations tisse une trame lumineuse, imprégnée de compassion et de bonté providentielle, que le narrateur superpose à la sombre réalité de l'histoire d'Abraham et de Sarah. Cette trame, redisons-le, n'est ni fallacieuse ni chimérique. Elle représente la nouvelle compréhension que les conjoints parviennent à donner à leur histoire à la lumière du pardon de Dieu, et sur laquelle ils fondent leurs perspectives d'avenir.

L'avènement de cette nouvelle temporalité n'aurait pas été possible sans l'influence décisive de Dieu, et la ferme résolution des conjoints à dépasser le mal qui les sépare. Cependant, comme le montre Abimelek, l'intervention des tiers peut aussi être déterminante. Contrairement à Pharaon, qui s'était contenté de renvoyer le couple malheureux à son passé de désolation, le Philistin, attentif aux murmures de Dieu et animé d'une crainte pieuse, s'est efforcé de réconcilier le couple en lui offrant l'hospitalité et l'espoir d'un nouveau départ.

Ainsi, lorsque l'intervention divine se conjugue avec la bienveillance humaine, elle engendre des miracles de réconciliation et de renouveau. Abraham et Sarah en sont l'illustration parfaite. Ils parviennent à accueillir Isaac comme un don céleste et en font une source de joie éclatante dans leur vie. Réconciliés, ils goûtent enfin aux délices tant attendus de la parentalité. Et lorsque le huitième jour arrive, Abraham, avec un geste chargé de tradition et de foi, circoncit son fils en signe d'alliance avec Dieu (21,4).

Dans ce développement heureux, Sarah, malgré ses écarts, peut se voir reconnaître divers mérites. Cependant, c'est Abraham qui incarne véritablement une vertu exemplaire. Auréolé de ses victoires militaires et jouissant d'une solide réputation sur les terres de Canaan, il aurait pu adopter une posture de refus. Pourtant, il a su surmonter son orgueil blessé en tant qu'homme trompé, dépasser les jugements moraux face à l'adultère, renoncer à tout égoïsme humain, et transcender les frontières des nations et leur logique d'inimitié. Il a embrassé une vision plus vaste et empreinte de compassion, celle de Dieu.

En effet, bien que l'enfant porté par sa femme ne soit pas de son sang, Abraham a compris que l'accepter comme le sien signifiait ouvrir son cœur à sa vocation divine et à la promesse de devenir le Père d'une multitude. En accueillant Isaac comme le fils envoyé par Dieu, tout comme il avait embrassé Ismaël dans un amour paternel inconditionnel, Abraham scelle à jamais le caractère universel de sa lignée sur les terres de Canaan. Par sa descendance, il réunit symboliquement tous les peuples de la région sous l'aile protectrice de l'alliance divine. Ainsi s'accomplit la promesse céleste : il devient le père d'une multitude aussi innombrable que les étoiles scintillant dans la voûte infinie des cieux.

Par cet acte de grandeur, Abraham a prouvé qu'il est le fidèle serviteur de l'alliance et un modèle intemporel pour les croyants.

Entre famille et société, la dynamique vertueuse de la réforme

Il convient de souligner que l'action hospitalière et édifiante d'Abraham ne se limite pas à son cercle familial. Poursuivant les efforts de pacification et de refondation politique entamés depuis son arrivée en terre de Canaan, Abraham parviendra à sceller une alliance fructueuse avec Abimélek : une relation fondée sur l'intégrité, le respect mutuel, la considération des intérêts de chacun, ainsi que l'échange de dons et de contre-dons (21,22-34). Par la suite, il établira une relation similaire avec les Hittites, réalisant une acquisition de terre – la seule qu'il détiendra en propriété – destinée à servir de sépulture pour sa famille (ch. 23 et 25,9).

Dans la trajectoire d'Abraham, émerge ainsi un lien synergique entre la dynamique de réforme opérant au sein de son foyer et celle en cours dans sa société. Au début de l'épopée, ce sont les valeurs incarnées sur les scènes politique et guerrière – telles que la vertu et les exigences de libération – qui imprègnent la sphère domestique, la transforment et la réorientent. À la fin de l'épopée, ce sont plutôt les principes de charité et de don, cultivés dans l'intimité du foyer, qui se diffusent à l'extérieur, influençant et réformant les habitudes sociales et les rapports de pouvoir. Ainsi, se dessine une dynamique de transformation guidée par l'alliance avec Dieu, qui s'étend, de proche en proche, à toutes les sphères des relations humaines.

Pourtant, l'histoire ne s'arrête pas là. La sérénité rieuse qui s'est reconstruite autour d'Isaac au sein du foyer d'Abraham, irradiant sur l'ensemble de son environnement, va de nouveau être obscurcie par les ombres du ressentiment. Les cicatrices que l'on croyait guéries se rouvriront sous la poussée des forces de division, et la trame victorieuse du pardon, que l'on pensait solide, se fissurera, laissant à nouveau affleurer la triste réalité de la vie d'Abraham et de Sarah.

Le renvoi d'Hagar

Les années ont passé depuis l'épisode malencontreux du voyage à Guérar. Les époux, désormais unis autour de leur nouveau-né, semblent évoluer dans une harmonie renouvelée. Sarah savoure pleinement sa situation et s'enthousiasme, avec une certaine effusion, devant l'évolution favorable des événements : « Qui aurait dit à Abraham que Sarah allaiterait des fils ? » (21,7). En utilisant le pluriel « des fils », Sarah veille à ne pas singulariser son enfant, évitant de marquer une différence entre lui et son frère aîné. Laisserait-elle aussi entrevoir la possibilité de donner d'autres fils à Abraham ? En tout cas, elle s'inscrit dans la perspective de la descendance nombreuse qui lui a été promise (17,16). Le père d'Isaac ne semble pas moins heureux. Lorsque son fils est sevré, il organise en son honneur un festin somptueux, célébrant l'unité et l'amour qui ont transformé sa destinée.

Pourtant, le pardon, bien qu'il ait apaisé les anciennes blessures et ouvert la voie à un accomplissement commun, n'a pas éradiqué les mécanismes de division et de haine. Sous l'apparente cohésion, les forces du ressentiment continuent de couver, et les braises encore ardentes de la discorde sont prêtes à se rallumer au moindre prétexte.

Tout bascule, en effet, en ce jour de fête, censé célébrer l'unité familiale. Lorsque Sarah entend les rires innocents d'Isaac se mêler aux éclats de joie d'Ismaël, une peur sourde s'empare de son cœur. Ses anciennes blessures se rouvrent, et les flammes de la jalousie l'embrasent de nouveau. Dans l'obscurité de ses craintes, elle redoute qu'Ismaël, grandissant en force et en assurance, ne vienne usurper l'héritage d'Isaac. Au plus profond de son âme tourmentée, elle nourrit peut-être aussi le désir de voir Hagar s'éloigner, toujours perçue comme une rivale, une ombre menaçante sur son bonheur.

Hantée par ses angoisses et ses anciennes rancunes, Sarah se tourne vers Abraham et lui oppose une exigence catégorique : « Chasse cette servante et son fils ! Non, le fils de cette servante n'héritera pas avec mon fils, avec Isaac ! » (21,10).

L'injonction de Sarah et la réponse d'Abraham

Observons d'abord que Hagar n'est plus soumise à l'autorité directe de Sarah, contrairement à ce qui avait été établi lors de leur première querelle (16,6). En effet, en parlant d'Hagar, Sarah ne dit plus « ma servante », mais emploie l'expression « cette servante » (21,10). De même, lorsque Dieu s'adresse à Abraham, il parle de « ta servante » et non plus de la servante de Sarah (21,12). D'une manière ou d'une autre, Hagar s'est émancipée du joug de sa maîtresse. Désormais, il incombe à Abraham de décider de son sort, que ce soit pour la renvoyer ou pour la garder.

Dans l'injonction qu'elle adresse à son mari, Sarah renie à deux reprises l'accord de réconciliation qu'ils avaient conclu. En désignant Ismaël comme le fils de « cette servante », elle occulte le fait qu'il est aussi le fils d'Abraham. En qualifiant Isaac de « son » fils, elle semble nier qu'il soit également l'enfant d'Abraham. Ainsi, Sarah réaffirme la réalité adultérine de son couple : elle affirme qu'Ismaël n'est pas son enfant et qu'Isaac est uniquement le sien, sans frère ni père.

En agissant de la sorte, Sarah compromet toute perspective de cohabitation durable entre les deux frères – qui avaient pourtant grandi ensemble – et met en péril les fondements mêmes de l'alliance avec Dieu. Mais ce qui demeure troublant dans cette affaire, c'est qu'elle ne pense pas agir sous l'effet de la jalousie et de la peur. Sarah croit protéger son fils bien-aimé et préserver l'avenir de sa famille. Ses actions, bien qu'exclusives par nature, sont ancrées dans ce qu'elle perçoit comme un amour sincère et inconditionnel.

Abraham est mortifié par les propos de son épouse : « Cette parole attrista beaucoup Abraham, à cause de son fils » (21,11). En désignant Ismaël comme « son fils », le narrateur semble adopter à son tour la perspective de Sarah, qui appelait Isaac le sien (« mon fils »). Nous indiquerait-il qu'Abraham serait également enclin à établir des distinctions exclusives ? En réaction à l'attitude de son épouse, Abraham serait-il porté à privilégier le lien de sang qui l'unit à Ismaël, et à prendre parti pour lui contre Isaac, le fils de Sarah ?

Cependant, la présence de Dieu va infléchir ses premières dispositions. « Dieu dit à Abraham : "Ne sois pas triste à cause du garçon et de ta servante. Écoute tout ce que Sarah te dira. Oui, c'est par Isaac qu'une descendance portera ton nom. Mais je ferai aussi une nation du fils de la servante, car c'est ta descendance" » (21,12).

En se laissant instruire et éclairer par son Seigneur, Abraham parvient à surmonter la tentation du repli et de la séparation. Il comprend que céder à la peur et au ressentiment serait trahir sa vocation et compromettre l'alliance divine. Non, il ne doit pas imiter sa femme en rejetant l'enfant qui n'est pas de son sang, mais plutôt affirmer qu'Isaac est son fils tout autant qu'Ismaël. Ainsi, il entend Dieu lui dire : « Oui, c'est par Isaac qu'une descendance portera ton nom », sans pour autant compromettre l'avenir d'Ismaël, « car c'est ta descendance ».

Néanmoins, une fois ses responsabilités paternelles ré-affirmées, Abraham se retrouve confronté à une situation impossible et déchirante : doit-il refuser les exigences de sa femme, au risque de briser son foyer, ou lui céder et porter préjudice à son fils Ismaël ? Le dilemme auquel il fait face n'a pas de solution satisfaisante. Quel que soit son choix, Abraham manquera aux responsabilités qui lui incombent, et il risque de subir des pertes irréparables.

Contraint de choisir entre deux maux, Abraham, sous l'inspiration divine, décide de satisfaire les demandes de Sarah. Avait-il jugé impossible de faire changer d'avis son épouse ? Pensait-il qu'un éloignement temporaire d'Hagar et d'Ismaël pourrait offrir une solution à l'impasse dans laquelle il se trouvait ? Estimait-il qu'Ismaël était suffisamment mature pour se détacher du noyau familial, et que Hagar pourrait ainsi se libérer de sa condition de servante ?

Comme l'ont suggéré certains analystes, Abraham cher-cherait peut-être à préserver les relations entre Isaac et Ismaël. Comme il l'avait fait auparavant en se séparant de son « frère » Lot (ch. 13), Abraham aurait opté pour la séparation afin de sauvegarder les chances d'une relation fraternelle menacée par un conflit fratricide (Wénin, 2016 : 64).

Cependant, aucune raison ne semble pouvoir pleinement justifier ou garantir la décision d'Abraham. Ce dernier doit donc placer sa confiance en Dieu et se résoudre à l'impen-sable : éloigner son fils en écoutant les conseils de sa femme. Le cœur lourd, Abraham remet à Hagar et Ismaël les maigres provisions nécessaires pour leur voyage vers l'inconnu et leur fait ses adieux.

Nous n'approfondirons pas davantage l'analyse de cet épisode, dont la portée est aussi significative que celle du sacrifice d'Isaac. Un tel examen nécessiterait d'explorer l'ensemble du cycle abrahamique, en particulier le thème de la violence et l'expérience de la limite. Ces questions sont certes essentielles à une compréhension adéquate du personnage d'Abraham et du Dieu avec lequel il scelle son alliance, mais elles excèdent le cadre de notre investigation actuelle. Nous nous limiterons donc à quelques remarques supplémentaires sur le thème du pardon, qui demeure ici notre principal sujet d'intérêt.

Abraham et Sarah face à leurs différences

Abraham et Sarah n'ont pas réussi à oublier leur passé douloureux ni à surmonter définitivement les forces de division qui fragilisent leur couple. Leur querelle à propos d'Hagar et d'Ismaël a mis à mal le *modus vivendi* qu'ils avaient instauré, ainsi que le pardon qu'ils s'étaient mutuellement accordé. Ils doivent à nouveau redéfinir les bases de leur réconciliation et réaffirmer leur volonté de vivre ensemble.

Dans cette situation d'échec, il est difficile de déterminer précisément les responsabilités. Cependant, Abraham et Sarah ont adopté deux conceptions divergentes de l'amour parental. Sarah s'est enfermée dans un amour exclusif pour son fils, un attachement qui l'a amenée à négliger les autres. Abraham, quant à lui, a favorisé un amour plus universel, aspirant à un bonheur partagé par tous, au risque de sous-estimer les tensions et rivalités croissantes au sein de son foyer.

Il ne saurait s'agir de donner l'avantage à l'une ou l'autre orientation. D'ailleurs, le Dieu de la Genèse ne prend pas parti pour une forme de dévotion en particulier. En demandant à Abraham d'écouter Sarah tout en renouvelant sa bénédiction à Ismaël, il souligne que l'amour véritable ne néglige pas le particulier au profit de l'universel, mais cherche constamment à répondre aux exigences rivales, malgré l'irréductible tension entre elles.

Cependant, au-delà de ces considérations, il semble que Sarah se soit confinée dans une posture exclusiviste et vindicative, étrangère à l'existence selon la foi. L'amour total et anxieux qu'elle porte à son fils l'a empêchée de s'ouvrir à l'universalité de la charité divine, la rendant malveillante envers ceux qu'elle perçoit comme des rivaux. En revanche, Abraham a surmonté les tentations du repli sur soi. Il a parfaitement perçu la situation dilemmatique dans laquelle il se trouvait et les responsabilités contradictoires qui lui incombaient. Il a cherché, autant qu'il le pouvait, à éviter la désunion et à favoriser le vivre-ensemble le plus large. Au fond, il n'a renoncé ni à Isaac ni à Ismaël, les considérant tous deux avec un même amour.

Comment expliquer cette différence entre Abraham et Sarah ? Est-ce son statut de femme et sa proximité charnelle avec l'enfant qu'elle a porté en son sein et allaité qui rendent Sarah plus encline à la peur et la poussent vers l'exclusivisme ? Ou est-ce parce qu'elle a été longtemps humiliée, trompée et violentée, qu'elle peine à exorciser son passé douloureux et à échapper au cercle vicieux de la répétition ? N'y aurait-il pas aussi une autre cause, plus fondamentale, liée à la relation à Dieu ? Ne serait-ce pas parce qu'Abraham persévère sous l'inspiration divine qu'il parvient à se maintenir sur une voie de rectitude, tandis que Sarah, ayant manifestement négligé l'expérience de Dieu, s'égare dans les logiques de l'exclusivité et de la vengeance ?

Il est frappant de constater que Sarah a entretenu une relation conflictuelle avec Dieu tout au long de sa vie. Dès le début, elle a cherché à combler son manque et à se construire loin de lui. Par la suite, elle s'est rebellée, gardant ses distances et allant jusqu'à nier avoir ri en sa présence. Elle a accusé Dieu de l'avoir rendue stérile, a invoqué sa sainte colère contre son mari, mais face à lui ou à ses messagers, elle a pris peur et dissimulé la vérité de ses sentiments. Sarah ne s'adresse jamais à Dieu de manière franche et directe. En retour, Dieu ne lui demande rien, n'intervenant à son égard que de manière indirecte, oblique ou souterraine. Alors qu'il se montre chaleureux envers Abraham, le traitant presque comme un « ami », et qu'il établit, comme nous le verrons, une grande proximité avec Hagar, il n'y a pas d'intimité entre le Seigneur et Sarah.

Un mal insurmontable de division ?

Quelles que soient les raisons sous-jacentes aux disputes entre Sarah et Hagar, il demeure l'évidence d'un mal résilient de division, en partie incompréhensible et invincible, qui n'en finit pas de déchirer la maison d'Abraham.

Ainsi, Isaac et Ismaël se retrouvent séparés. Bien qu'ils soient nés de mères et de pères différents, les deux garçons, élevés sous le même toit, étaient devenus comme des frères. Chacun avait reçu des promesses et des dons distincts, occupant une place unique, sans que leurs différences n'impliquent nécessairement concurrence ou hiérarchie. Mais la rivalité entre leurs mères a brisé leur complicité et les a éloignés.

Les deux garçons finissent aussi par être séparés de leur père. Le chapitre 21 se clôt sur la séparation entre Abraham et Ismaël : ce dernier, après une période d'errance, s'établit avec sa mère dans le désert de Parân (21,20-21). Le chapitre suivant, consacré à la ligature d'Isaac, se terminera par la séparation entre Abraham et son second fils. Après être monté sur le mont Moriah avec Isaac et avoir promis qu'ils reviendraient ensemble (22,5), Abraham revient seul vers ses serviteurs : « Abraham retourna auprès de ses serviteurs, et ensemble ils se mirent en route pour Beer-Shéva, et Abraham y habita » (22,19). Subtilement, le narrateur nous révèle qu'après leur épreuve, le père et le fils ne vivent plus ensemble. D'ailleurs, les deux personnages n'apparaissent plus ensemble dans la suite de l'histoire.

D'autres éléments narratifs indiquent qu'Abraham et Sarah, également, ne résident plus au même endroit. Après l'épisode de la ligature d'Isaac, Abraham retourne à Beer-Shéva (22,19), où il séjournait depuis le renvoi d'Hagar (21,31-33). En revanche, rien n'est dit sur le lieu de résidence de Sarah, si ce n'est qu'elle décède à « Hébron » et qu'Abraham « s'y rend » pour faire son deuil et exprimer ses lamentations (23,2). Ces indications laissent entendre que le couple aurait vécu séparé après le départ d'Hagar et d'Ismaël.

Ainsi, tous les membres de la famille d'Abraham se retrouvent isolés les uns des autres. Cette fragmentation n'était toutefois pas irréversible, et plusieurs indices suggèrent qu'elle était appelée à être surmontée.

D'une part, la décision d'Abraham de s'établir à Beer-Shéva est significative, car c'est précisément l'endroit où Agar et Ismaël avaient erré après leur expulsion (21,14). Après la mort d'Abraham, Isaac lui-même choisit de résider à Beer-Shéva (26,23), une décision probablement motivée par sa fidélité à son père et par un désir de rapprochement avec son frère éloigné.

D'autre part, bien qu'Abraham et Sarah aient vécu séparés durant les dernières années de leur vie, Abraham a pris soin d'acquérir un site funéraire à Hébron – la seule terre qu'il ait possédée – en guise de tombe familiale (23,3–20 ; 25,9). L'inhumation de Sarah en ce lieu rétablit sa désignation posthume comme « épouse d'Abraham », un titre qui n'avait pas été utilisé depuis sa révolte contre le système oppressif de ses pères. Ce titre la distingue des concubines d'Abraham et la réunit symboliquement à jamais à son époux.

Enfin, Isaac et Ismaël, les deux frères, se retrouvent en paix pour enterrer ensemble leur père Abraham (25,9), prouvant ainsi qu'ils ont atteint une réconciliation implicite et un respect mutuel malgré les divisions passées.

Ces éléments suggèrent que l'attachement entre époux et entre frères était plus fondamental que les causes de leur séparation, et que l'amour qui les unissait était plus fort que les divisions qui les avaient éloignés.

Pourtant, le mal de sécession ne parvient pas à être contenu, ni définitivement vaincu. Il ressurgit même d'une génération à l'autre, et se perpétue au sein de chaque descendance. Ainsi, au chapitre 27 de la Genèse, on découvre qu'Isaac, lui aussi, tend à privilégier une conception exclusiviste de l'héritage, semblable à celle défendue par sa mère (27,33-37). À l'automne de sa vie, lorsqu'il décide de régler sa succession, il choisit de transmettre sa bénédiction exclusivement à l'un de ses fils, Ésaü. Ce faisant, il ne se contente pas de perpétuer la tradition patrilinéaire longtemps prônée par Abraham, qui privilégie le droit d'aînesse ; il reproduit également la stratégie de sa mère, qui avait favorisé un fils au détriment de l'autre. En séparant Isaac d'Ismaël, Sarah a instauré un schéma de division qu'Isaac a inconsciemment reproduit, impactant profondément les relations de Jacob avec son frère Ésaü.

La persistance du mal de division, à travers ses récurrences et ses résurgences, remet en question la promesse de réconciliation universelle que le pardon entre Abraham et Sarah semblait offrir. L'hostilité humaine étant irréductible, et comme destinée à réapparaître au détriment de la charité, le pardon et ses vertus salvatrices ne sont jamais acquis. Ils doivent être perpétuellement réévalués, recherchés et concrétisés dans des démarches et des choix renouvelés. De même, l'entente entre les époux doit être continuellement recomposée, et la fraternité entre les frères constamment réinventée.

Le mal de division et la question du divin

L'histoire d'Abraham est traversée par deux dynamiques opposées : d'une part, une dynamique lumineuse de réforme et d'unité, qui se propage progressivement à toutes les dimensions de la famille d'Abraham ainsi qu'aux autres familles humaines ; d'autre part, une dynamique sombre d'inimitié et de désunion, qui touche toutes les sphères de l'existence. Cette tension irrésolue soulève des questions fondamentales sur les intentions de Dieu et la signification de son action dans le monde.

Dans un tel contexte, le mensonge divin disculpant l'adultère acquiert des connotations ambivalentes. À la lumière de l'hospitalité et du pardon, il peut être interprété comme une manifestation de miséricorde transcendant les catégories humaines de moralité. Mais, face à l'ingratitude des hommes, au vu des divisions persistantes, et dans un horizon sans signes définitifs de rédemption, ce même mensonge pourrait apparaître comme un acte contraire à la justice, empreint d'arbitraire et sans incidence salutaire décisive. Le pardon accordé à Sarah ne risque-t-il pas d'amoindrir la gravité de l'adultère, tout en portant préjudice à Hagar et Ismaël, sans pour autant instaurer une paix durable ?

Le livre de la Genèse n'offre pas de résolution définitive et sans équivoque aux questions ultimes concernant le divin et la condition humaine. Bien qu'il trace une trajectoire de rédemption, purgée du mal par l'action bienveillante et réparatrice de Dieu, il laisse en même temps entrevoir les séquelles d'un drame marqué par des conflits tenaces, des rancœurs non éteintes, et des pertes irréversibles. La promesse de salut n'apparaît pas comme une certitude, mais comme une possibilité, qui doit être continuellement renouvelée et réaffirmée. En fin de compte, le mystère de Dieu n'est pas résorbé, et le texte invite à une réflexion continuée sur sa nature, ses intentions, et ses actions.

Le refus de la clôture

Dans un éclat qui parachève la séquence portant sur la naissance d'Isaac, Sarah s'exclame : « Dieu m'a donné de quoi rire : quiconque l'apprendra rira à mon sujet » (21,6). Cette déclaration exprime avant tout la jubilation de Sarah et le rire que lui procurent la naissance d'Isaac et sa réconciliation avec Abraham. Sa maternité miraculeuse et le pardon échangé avec son époux lui offrent une joie pleine et resplendissante, malgré les circonstances troubles que son couple a traversées. Sarah et Abraham rient de l'entorse bénie par laquelle Dieu les a comblés, puis immortalisent cette joie dans le nom de leur fils, Isaac, qui, par son étymologie hébraïque, perpétue le souvenir du rire. Leur histoire, illuminée par la miséricorde de Dieu, nous invite à rire à notre tour, à prolonger leur cri de joie, confiants que nos propres épreuves peuvent être rachetées et transformées par la puissance du pardon divin. Nous pouvons nous réjouir de la profondeur de la grâce divine, en voyant dans la bénédiction d'Isaac, et ce qu'elle représente, la préfiguration de notre rédemption sous les auspices de Dieu.

Cependant, le récit d'Abraham et de Sarah peine à trouver une résolution complète et apaisée. Leur réconciliation s'est fissurée, et le spectre de la division est revenu hanter leur chemin de vie. Les ombres du passé, momentanément dissipées par le sourire de l'enfant et la joie de la communion conjugale, ont refait surface et menacent de triompher de leur amour.

Dans la suite du récit, la tragédie revient ébranler leur existence avec l'épreuve déchirante du sacrifice d'Isaac sur le mont Moriah. Si une intervention divine sauve les protagonistes de ce drame, elle est rapidement suivie par la mort de Sarah, qui vient assombrir cette délivrance. Ainsi, comme le souligne le livre du *Zohar*[62], « la seule époque pendant laquelle Sarah a vécu [véritablement] est l'espace de temps entre la naissance d'Isaac et le jour où Abraham voulut l'offrir en holocauste » (1925 : 94). Entre les souffrances de l'infécondité et les tourments de la mère déchirée, le temps du rire fut

---

[62] Le *Zohar* est une œuvre centrale de la Kabbale. Rédigé principalement en araméen, il se présente comme un commentaire mystique et ésotérique de la Torah.

bien court pour Sarah[63].

La femme d'Abraham meurt de surcroît sans avoir obtenu d'assurance définitive quant à l'avenir de son fils. Au moment de son décès, elle ignore qu'Isaac héritera des biens de son père (25,5) – bien qu'il n'en reçoive pas la totalité comme elle le souhaitait, puisque Abraham comble son aîné (Dt 21,17) et fait également des donations aux fils de ses concubines (25,6). À la fin de sa vie, Sarah demeure une femme contrariée dans ses désirs les plus chers, confrontée à l'insécurité et livrée aux perpétuels déchirements. Sa relation à Dieu reste également défaillante et pour le moins ambiguë.

Dans ces conditions, on ne saurait dire que le rire de Sarah soit un rire plein et satisfait. Il demeure teinté d'une ambiguïté profonde, mêlé d'expressions ironiques, cyniques et doulou-reuses. En affirmant que Dieu lui a « donné de quoi rire » et que « quiconque l'apprendra rira à [son] sujet » (21,6), Sarah semble insinuer que Dieu ait pu se jouer d'elle, qu'il lui ait fait une « drôlerie » (*ts-hoq*) (Sibony, 2010).

Dans cette perspective, le rire de Sarah ne résonne plus avec l'optimisme de l'espérance. Il devient l'expression d'un désenchantement ironique, celui d'une femme qui, à l'approche de l'automne de sa vie, rit de son destin tourmenté et tragique. Sa vie, en dehors de quelques moments de bonheur intense, n'a-t-elle pas été une succession d'épreuves, d'humiliations et d'égarements sans véritable réhabilitation ? Cette femme ne nous inviterait plus à nous réjouir de l'idée d'une providence bienveillante garantissant notre avenir, mais nous mettrait en garde contre les plaisanteries de Dieu, nous laissant face à la dureté d'une existence sans rédemption assurée[64].

---

[63] On peut noter qu'il sera donné à Abraham de passer deux fois plus de temps avec Isaac que Sarah. Abraham meurt, alors que son fils est âgé de 75 ans, tandis que Sarah décède, son fils n'ayant alors que 37 ans.

[64] Certains commentateurs ont effectivement perçu une connotation moqueuse dans le rire de Sarah, sans toutefois lui attribuer un caractère

En somme, le rire dans la Genèse demeure ambivalent. D'une part, il y a le rire franc du miracle et du don absolu. Sarah peut rire de tout son cœur parce que le pardon a un pouvoir réel, parce que la charité peut tout excuser, parce que Dieu peut répandre sa grâce sur tous ceux qui espèrent en lui. Elle peut rire, dans le nom de son fils, de la vie réconciliée et pérenne qu'elle a pu enfin goûter au sein de son foyer. Cette perspective justifie une interprétation lyrique de son histoire avec Abraham ; elle justifie que le narrateur nous raconte une épopée nimbée de surnaturel et dominée par l'action miséricordieuse de Dieu, où le pardon a racheté le passé, effacé les fautes et ouvert un horizon de rédemption radieuse, dont l'élection d'Ismaël et d'Isaac est le symbole.

D'autre part, cependant, il y a le rire jaune du dépit et du désenchantement persistant. Parce que le mal est radical, que le pardon de Dieu est sans cesse remis en cause par des forces résurgentes de division, et que toute chose est livrée à la gangrène, Sarah ne parvient pas à échapper entièrement au désespoir. Elle rit, mais d'un rire amer et sarcastique. Elle conserve une rancœur contre son mari qui l'a longtemps méprisée, et jalouse sa servante qui s'est libérée des chaînes de l'humilité. Elle entend dans les rires d'Ismaël, qui se mêlent à ceux de son frère, les échos d'une supériorité satisfaite qui s'affirmera aux dépens de ce dernier. Elle se considère finalement malheureuse et se demande si Dieu ne se moquerait pas d'elle, et si elle ne sera pas la risée de ceux qui entendront son récit. Cette perspective s'inscrit en faux contre l'interprétation lyrique de son histoire avec Abraham, justifiant que le narrateur redonne force et visibilité aux réalités du drame traversé, au mal dont l'homme est à la fois le complice volontaire et la victime innocente, ainsi qu'aux

---

tragique. Gerhard von Rad, par exemple, interprète la déclaration de Sarah, « on rira à mon sujet », comme l'expression de sa honte d'être devenue mère à un âge si avancé. Pour lui, Dieu est un brin farceur, sans cesser d'être le Dieu providentiel et rédempteur (1968 : 233-34).

errements qui se répètent et se transmettent de génération en génération.

À l'instar du rire équivoque de Sarah, le mensonge divin dissimulant l'adultère demeure lui-même empreint d'ambiguïté. Cet acte de bienveillance sublime, qui vient effacer la faute, arracher les pécheurs à leur passé malheureux et leur offrir un horizon d'avenir transfiguré par la grâce de la réconciliation, reste suspect d'être une entorse arbitraire à la justice. La sincérité de Dieu est ainsi mise en doute, laissant craindre une déception plus large et l'éventualité d'une immense farce cosmique. Cet élément de radicale équivocité rejoint et prolonge le caractère ambigu des promesses divines que nous avions d'emblée mis en lumière.

Néanmoins, les perspectives contradictoires offertes par le livre de la Genèse participent d'une même unité prédicative. Le rire de Sarah, le mensonge divin et les promesses faites à Abraham sont des expressions à la fois lyriques et ironiques : elles pointent vers un Dieu unique, dont le visage providentiel et rédempteur arbore des traits farceurs ou indifférents. Cette duplicité souligne le refus de clore le mystère du divin et d'attribuer un sens définitif à la condition humaine.

Toutefois, l'impossibilité de réduire l'inconnu divin ne tolère ni réserve ni tiédeur de la part des croyants. Comme l'a démontré Abraham, le véritable témoin de la foi s'engage avec d'autant plus de résolution et de vertu qu'il ne dispose d'aucune garantie ultime. À ses yeux, le chemin du pardon, de la réconciliation et de la paix est bien celui que Dieu lui demande de suivre, mais c'est un sentier ardu, qui doit sans cesse être redécouvert et réemprunté, un voyage sans fin, qui doit continuellement être repris et accompli, sans assurance définitive.

C'est en suivant cette voie avec audace, humilité et persévérance qu'Abraham reçoit la bénédiction de devenir le père d'une multitude, et qu'il « meurt au terme d'une heureuse vieillesse, très âgé et rassasié » (25,8).

- VI -

Les conséquences
théologiques

Les interprétations contemporaines du récit d'Abraham tendent à sanctionner – souvent malgré elles – une conception superstitieuse de la foi, une vision encore largement misogyne des relations entre les sexes, et une compréhension de l'alliance divine empreinte d'exclusivisme. L'exégèse que nous proposons conjure l'ensemble de ces défauts. Elle montre que l'alliance avec Dieu repose sur un certain nombre de principes constitutifs que nous examinerons successivement : le respect du mystère de Dieu, le rejet de la superstition religieuse, le refus de toute appropriation exclusiviste de la référence divine et de ses promesses, l'égalité des vocations entre les sexes, l'attention particulière portée à l'affranchissement de l'être servile et, enfin, la primauté accordée à l'enfant déshérité, symbole des exclus.

Une conception non clôturée du divin

La Genèse propose une vision de Dieu qui défie toute tentative de réduction simpliste, préservant ainsi le caractère insondable de la divinité et le mystère de son plan ultime.

La bonté de Dieu et l'insondable mystère d'iniquité

L'histoire d'Abraham se présente avant tout comme un éclatant témoignage de la bienveillance de Dieu. Elle montre que l'élection divine n'est pas un privilège exclusif, réservé à une descendance élue, mais plutôt une stratégie empreinte de sagesse infinie, visant à rétablir l'harmonie perdue au sein d'une humanité défigurée par le mal et la discorde.

Pour établir son alliance, le Seigneur ne se tourne pas vers un homme vertueux, appartenant à une communauté prospère et exemplaire. Au contraire, il choisit un individu ordinaire, imprégné de coutumes archaïques et confiné dans un milieu stérile et déclinant, avec pour dessein de faire de lui le père d'une multitude par laquelle toutes les familles de la terre seraient bénies.

Dans cette perspective, Dieu déploie inlassablement son influence sur les vies conflictuelles et tourmentées des protagonistes de l'histoire racontée. Son intervention, constante et précise, guide chaque personnage vers un accomplissement. Dieu appelle Abraham à quitter l'ombre de ses sécurités passées, pour entamer un long apprentissage vers la générosité et la grandeur. Il soutient également Sarah dans ses efforts d'émancipation et de construction, quoique de façon plus confidentielle. De même, il intervient pour ramener Hagar à la raison, l'invitant à réintégrer le foyer d'Abraham avec un esprit renouvelé. Il éclaire enfin les yeux d'Abimélek, le poussant à rechercher une résolution équitable au drame dans lequel il s'est égaré.

Sans cesse, Dieu pallie les faiblesses de ses créatures, transforme leurs perceptions étroites, désamorce les mécanismes pulsionnels qui les emprisonnent et ouvre devant elles de nouveaux horizons. Il veille à ce que nul ne soit lésé, en réinstaurant, face aux résurgences incessantes du mal, les conditions d'une cohabitation juste et durable. Par ses interventions, il réaffirme la possibilité d'un monde où chaque être, guidé par sa lumière, peut trouver sa place dans un équilibre harmonieux et bienveillant.

Cependant, l'action de Dieu demeure empreinte d'une irréductible ambiguïté. Le Seigneur, qui continuellement intervient pour corriger les déséquilibres, réparer les torts et restaurer l'harmonie au sein de son œuvre, reste paradoxalement en connivence avec les forces des ténèbres, leur émergence et leur résilience.

L'influence de Dieu transparaît ainsi dans l'enchaînement des événements conduisant à l'adultère. N'est-ce pas lui, comme le prétend Saraï, qui l'a rendue stérile, poussant du même coup Abram dans les bras de sa servante ? N'est-ce pas également lui, comme l'ont suggéré nos analyses, qui a soutenu Sarah dans sa révolte et éveillé en elle le désir de liberté, la conduisant dans les bras du beau Philistin ? N'est-ce pas encore lui qui a enveloppé leur adultère dans un voile d'innocence ? Enfin, n'est-ce pas Dieu qui est intervenu pour inciter Abraham à écouter sa femme lorsque celle-ci exigeait le renvoi d'Ismaël et d'Hagar ? À chaque étape de ce drame, le rôle de Dieu demeure ambigu, laissant irrésolue la question de sa complicité avec le mal.

Naturellement, on pourrait disculper Dieu de toute complicité maligne en considérant que ce sont les hommes qui l'associent à tort avec le mal. Sarah, par exemple, lui attribue son incapacité à enfanter (16,2), alors que le narrateur enregistre ce fait sans en imputer la cause à quiconque (16,1 ou 11,30). C'est Sarah qui aurait injustement projeté le mal sur Dieu, tandis que lui, en vérité, cherche à la faire entrer dans son alliance et à lui offrir les joies de la maternité. Contrairement à ce que certains développements peuvent laisser penser, Dieu n'est pas l'instigateur du mal, mais le bienveillant artisan de la destinée, œuvrant pour transformer la stérilité en fécondité, et la désolation en espérance.

Pour préserver l'innocence de Dieu, il faudrait soutenir que Dieu utilise le mal dans un dessein supérieur : il insère dans chaque épreuve et chaque affliction une possibilité d'amélioration et de rédemption, transformant ainsi les dissensions, les souffrances et les injustices en catalyseurs de changements profonds et bénéfiques. Ce sont d'ailleurs dans les moments de crise qu'Abraham et Sarah découvrent leur résilience et leur capacité à opérer des transformations radicales. Dans cette perspective, le mal joue un rôle paradoxal : il constitue un obstacle, mais il offre aussi l'occasion de s'élever vers un niveau supérieur de compréhension et de compassion.

Le récit biblique montre cependant que les épreuves ne sont pas toujours une source d'enseignement, que les iniquités ne sont pas toujours des ferments de vertu, que les faiblesses et les imperfections n'ouvrent pas systématiquement la voie à un renforcement de la sagesse. Ainsi, la nuit sombre de la dépravation qui recouvre Sodome n'annonce pas une aube d'espoir renouvelé, mais bien l'aube d'une destruction totale et implacable.

L'étendue du mal, l'influence qu'il exerce sur la création, les souffrances et les pertes irrémissibles qu'il laisse derrière lui ne peuvent être entièrement imputées à la créature, ni pleinement intégrées dans la perspective du bien ultime. En rendant ces réalités visibles, le livre de la Genèse rend difficile l'interprétation consacrant l'innocence de Dieu. Il laisse ouverte la question de sa responsabilité et interroge les desseins qu'il a conçus pour ses créatures.

L'inintégrable dynamisme du pardon

Le récit biblique met néanmoins en lumière la volonté divine de pardonner même les péchés les plus graves. Abraham et Sarah auraient en effet mérité d'être punis selon la justice : ils se sont détournés à plusieurs reprises de Dieu et ont consommé l'adultère. À juste titre, Abimélek les a accusés d'avoir commis un « grand péché » (20,9) – une expression qui, dans la Bible, qualifie les fautes d'idolâtrie ou d'adultère envers le Seigneur. Pourtant, Dieu leur a tendu une main bienveillante et leur a ouvert un chemin parsemé de promesses. Son amour, transcendant leurs manquements, a transformé la noirceur de leur péché en une occasion de renouveau et de renaissance.

Dieu offre son pardon de façon gratuite et inconditionnelle. Il n'exige rien d'autre que l'ouverture du cœur humain à sa grâce. Mais, comme le montre l'histoire génésiaque, le pardon divin ne fructifie réellement qu'avec la coopération des hommes et leur pardon mutuel. C'est la convergence de la grâce divine et de la fraternité humaine qui ouvre les portes d'un avenir renouvelé, permettant de croire en la possibilité d'une rédemption.

Cependant, le pardon de Dieu ne saurait être considéré comme un droit acquis, une certitude préalablement accordée. Ainsi, la miséricorde faite à Abraham et Sarah ne signifie nullement une tolérance divine pour l'écart, la faute ou l'adultère. La transgression, condamnée rigoureusement par la loi, n'est en rien relativisée, et la justice de Dieu la sanctionne implacablement. L'histoire de Lot le rappelle avec force : la turpitude des gens de Sodome et leur méchanceté contre Dieu sont punis sans autre forme de procès.

L'immensité du pardon de Dieu n'offre donc aucune garantie contre son inébranlable justice. De même, sa justice ne prémunit personne contre sa colère aveugle. L'histoire de Lot le démontre encore. Bien que le Seigneur ait promis à Abraham de faire preuve de clémence – de ne pas faire mourir le juste avec le pécheur, et de préserver toute Sodome s'il s'y trouvait une poignée de justes –, il consume la cité de manière expéditive. Ce n'est qu'au seuil de la catastrophe qu'il se souvient d'Abraham et enjoint à Lot de fuir avec les siens. En définitive, seuls Lot et ses filles échapperont à son courroux destructeur[65].

Ainsi, le Seigneur d'Abraham continue d'échapper aux attributions simples et non-contradictoires : il est infiniment pardonneur, mais il administre également sa justice avec une rigueur inflexible et demeure souvent aveugle face à sa propre fureur. Dans ces conditions, les croyants sont appelés à rechercher la réalité tangible et salvatrice du pardon, sans réduire le paradoxe de Dieu, ni trancher les réalités dernières.

Une relation vivante et non-superstitieuse à Dieu

L'histoire d'Abraham est éminemment instructive sur les modalités de la relation entre Dieu et ses fidèles. Nous nous contenterons ici de relever quelques points significatifs sur ce thème.

Une foi indéfectible et agissante

Tout d'abord, il est primordial que celui qui répond à l'appel de Dieu ne se prenne pas lui-même pour Dieu[66]. Le véritable croyant ne réduit jamais l'Autre divin à une simple projection de lui-même. Abraham, même lorsqu'il agit en accord avec les révélations qu'il reçoit, demeure conscient de l'immense écart qui le sépare de l'Absolu. Il conserve une perception vive du

---

[65] Au vu des événements survenus à Sodome, la terreur des gens de Guérar (20,8), apprenant ce qui s'était passé chez eux la veille entre Abimélek et Sarah, devient compréhensible : le pardon esquissé par Dieu ne garantit pas l'absence de châtiment.

[66] Pharaon et Abimélek se distinguent à cet égard. L'Égyptien demeure plutôt indifférent à Dieu et se prend lui-même pour l'absolu. S'il reconnaît les signes calamiteux que Dieu lui adresse et restitue Sarah à son mari, il agit pour le reste uniquement selon ses intérêts personnels et ses plaisirs égoïstes. En revanche, Abimélek respecte les règles de bonne conduite devant Dieu. Tout en prenant en compte ses propres intérêts et désirs, il écoute le Seigneur, le craint et œuvre en conséquence. Son action se révèle constructive, et le Seigneur le déclare innocent.

mystère de la transcendance et de l'altérité divine, se décrivant humblement comme « cendre et poussière » (18,27).

Néanmoins, face à Dieu et à ses mystères, le sujet de l'alliance ne se trouve pas dans une position d'étrangeté ou de soumission résignée. Abraham est un croyant dynamique, participant activement avec Dieu, et sous sa guidance, à l'écriture d'une nouvelle page d'histoire. Loin de se contenter de recevoir passivement les bénédictions de Dieu, il s'en fait l'interprète et devient le vecteur par lequel elles se concrétisent.

Si Dieu intervient constamment dans la vie d'Abraham, celui-ci prend aussi l'initiative dans de nombreuses situations difficiles. C'est notamment le cas lorsqu'il décide de se séparer de son neveu Lot (13,6-7) ; lorsqu'il engage une expédition militaire pour libérer ce dernier de la captivité à laquelle il avait été réduit (14,12-14) ; lorsqu'il institue face au roi de Sodome de nouvelles normes sociales et politiques (14,18-24) ; et, bien entendu, dans l'épisode de la destruction de Sodome, où il ose contester avec Dieu pour sauver la ville du châtiment (18,20-32)[67].

---

[67] En prenant à cœur le sort des habitants endurcis et condamnés de Sodome, Abraham se montre fidèle à l'appel initial de Dieu. Avec audace, il embrasse le projet de bénédiction universelle qui lui a été assigné, et s'oppose à un décret de destruction qui semblait déjà scellé. Abraham laisse d'abord éclater son indignation face à Dieu : « Vas-tu vraiment faire périr le juste avec le coupable ? » (18,23) ; « Profanation ! Toi, le juge de toute la terre, tu ne ferais pas justice ? » (18,25). Par ces mots, il arrache à son Seigneur la promesse de ne pas détruire Sodome s'il s'y trouvait cinquante justes. Puis, Abraham change radicalement de ton. Il utilise des formules de condescendance marquée pour maintenir l'attention de Dieu et le contraindre à l'écouter : « J'ose encore parler à mon Seigneur, moi qui suis poussière et cendre » (18,27) ; « Que mon Seigneur ne se mette pas en colère, si j'ose parler encore » (18,30). Ayant gagné l'oreille de Dieu, Abraham réitère à plusieurs reprises sa demande d'épargner la ville, en réduisant à chaque fois de cinq ou de dix le nombre de justes requis. Ce faisant, il entraîne le Seigneur dans une logique redoutable. Dieu, ne pouvant raisonnablement déclarer qu'il

Ainsi, contrairement à ce suggèrent les interprétations conventionnelles de la Genèse, la foi d'Abraham ne se réduit pas à une confiance aveugle et passive en la volonté divine. Elle est intrinsèquement liée à un effort de réforme personnelle et à des actions concrètes, visant à bâtir un monde plus juste et fraternel. Sa foi le pousse parfois à transcender l'humilité devant Dieu, et à confronter ce qui semble être les effets inflexibles de la toute-puissance divine.

Même dans les situations les plus désespérées, Abraham s'efforce d'être fidèle à son Seigneur, à ses desseins et à ses promesses. Toutefois, il reste convaincu que la bénédiction de Dieu n'est pas une faveur automatique, mais se mérite par un engagement constant qui en prépare l'avènement. Ainsi, à mesure de son parcours, Abraham adopte une dynamique de foi agissante : il se libère des schémas oppressifs hérités de ses ancêtres, et pose les fondements d'un cadre familial et social ouvert à l'altérité et orienté vers la fraternité universelle.

Le rejet du surnaturel superstitieux

Dans ce contexte, la bénédiction de Dieu, ses instructions et ses miracles dans le monde ne sont ni contraires à la nature, ni inaccessibles à la raison.

Ainsi, la révélation divine n'est ni irrationnelle ni surréelle. Si elle survient parfois de manière soudaine, apportant un élément radicalement nouveau, en apparence extravagant ou exorbitant, comme pour l'annonce de la naissance d'Isaac, c'est parce qu'elle ouvre un horizon de compréhension jusque-là inexploré et étranger aux modes d'organisation établis.

De même, si l'intervention divine peut être qualifiée de miraculeuse et de surnaturelle, ce n'est pas parce qu'elle rompt avec les lois rigides du monde et de la condition

---

détruirait toute une ville pour dix justes de moins, se trouve pris dans un engrenage qui le conduit progressivement à renoncer à son châtiment.

humaine, mais parce qu'elle fait surgir une réalité inédite, une séquence de vie marquée par la grâce et la miséricorde. Ainsi, bien que la venue d'Isaac ait défié les évidences naturelles, et tout ce que les protagonistes pouvaient raisonnablement comprendre ou imaginer, cette venue n'a pas été contraire aux lois de la nature, ni aux déterminants physiologiques du corps de Sarah, ni aux développements de sa relation conjugale. La grossesse de Sarah n'a rien de magique. Elle est le résultat d'une union charnelle entre un homme vigoureux et une femme guérie de sa stérilité psychosomatique au terme d'un long processus d'émancipation familiale et sociale. Après coup, une fois passé le moment de sidération, le miracle ne surprend finalement personne.

Si le narrateur reprend néanmoins l'interprétation surnaturelle, assimilant la grossesse de Sarah à celle d'une femme physiologiquement stérile ou prématurément ménopausée, c'est pour les raisons que nous avons évoquées : défendre, à la lumière de l'espérance, une vision de l'histoire purifiée du péché par le pouvoir rédempteur de Dieu, et expliciter la manière dont Abraham et Sarah finissent par comprendre leur trajectoire de vie, dès lors qu'ils sont éclairés par le pardon divin.

En somme, s'il reste légitime de parler d'une intervention miraculeuse de Dieu, c'est dans la mesure où Abraham et Sarah ont été amenés à s'ouvrir à une dimension transcendante, celle du divin, transformant ce qui aurait dû être un événement de rupture et de malédiction en une occasion de réconciliation, en une source de bénédiction, en un signe d'espérance en la rédemption universelle[68].

---

[68] D'autres épisodes bibliques mettent en scène des femmes stériles et des fécondités miraculeuses. La Genèse mentionne la stérilité de Rébecca, mère de Jacob et Ésaü (21,21) ; le livre des Juges évoque celle de la femme de Manoach, mère de Samson (Jg 13,2-3) ; le livre de Samuel décrit l'infertilité d'Anne, mère de Samuel (1S 1,5-19) ; et le Nouveau Testament révèle la stérilité d'Élisabeth, mère de Jean-Baptiste

Ainsi, l'instruction biblique, loin de favoriser les croyances naïves au surnaturel, comme le laissent supposer les lectures convenues, vise en réalité à affiner la pensée religieuse. Elle promeut une conception de la foi où l'intervention surnaturelle de Dieu n'élimine ni la pleine responsabilité de l'homme ni les lois essentielles de la nature.

Dans ce contexte, il devient impossible de marquer un dualisme binaire entre la grâce de Dieu et la nature, ni entre l'esprit divin et la matière. L'œuvre de la grâce et l'activité de l'esprit ne peuvent plus être dissociées de la réalité matérielle, ni envisagées en dehors de leur lien avec l'effort de la nature. Elles restent cependant radicalement distinctes des puissances du monde et de l'instinct, en ce qu'elles inaugurent une nouvelle ère de compréhension et de vie, rendant les promesses de Dieu tangibles et concrètes.

Le refus de l'exclusivisme

Le Dieu qui se manifeste à Abraham et scelle avec lui une alliance n'appartient en exclusivité à personne. Bien qu'il adresse ses révélations et sa guidance à Abraham, il se révèle également à Hagar, l'Égyptienne, simple servante en fuite, ainsi qu'à Abimélek, le Philistin, qu'Abraham perçoit comme un rival menaçant. Dieu n'est pas le Seigneur d'un seul homme ni d'une seule descendance. Il guide, éclaire, et bénit toutes ses créatures, selon des desseins qui transcendent les limitations humaines et les jalousies terrestres. Penser autrement conduirait à se priver de la lumière de sa guidance et des bienfaits de sa bénédiction.

Or, si l'alliance de Dieu est malgré tout scellée avec un homme en particulier, c'est précisément parce qu'Abraham et sa descendance incarnent le métissage, l'inclusivité, l'égale légitimité des frères humains et le refus de tout exclusivisme.

(Lc 1,7). Tous ces épisodes gagneraient à être relus à la lumière de l'histoire de Sarah.

Abraham ou l'incarnation du métissage

En effet, la descendance bénie d'Abraham ne peut être rattachée à aucune origine ethnique, clanique ou géographique unique. Ismaël et Isaac ne sont pas des enfants de race pure, mais de sang mêlé : chaldéen et égyptien pour l'un, philistin et chaldéen pour l'autre. Tous deux sont le produit d'unions entre l'étranger et l'autochtone, entre le migrant et le résident natif. De même, les noms des fils de Qetoura indiquent que cette branche de la descendance d'Abraham est liée à des tribus arabiques[69].

Le métissage culturel et racial perdure au sein de la première génération, notamment à travers les unions maritales d'Ismaël et d'Isaac. Le premier contracte mariage avec une Égyptienne (21,21), tandis que le second épouse Rébecca, fille de Betouel, neveu d'Abraham (24,67). Appréhendés dans la perspective des interprétations traditionnelles, ces mariages renforceraient l'exclusivisme et l'endogamie au sein de la communauté abrahamique, puisque Isaac, considéré comme le fils légitime d'Abraham et de sa demi-sœur Sarah, épouse également une parente. Wénin en conclut que « le mariage d'Isaac est dû à la volonté d'Abraham de garder soigneusement ses distances avec les Cananéens » (2016 : 361). De même, Römer justifie le mariage avec Rébecca par le fait qu'« Isaac ne doit pas épouser une femme cananéenne », conformément « aux interdits des mariages mixtes » présents dans d'autres textes bibliques (2023 : 382). En réalité, ces mariages traduisent une dynamique opposée. L'union d'Isaac et Rébecca mêle à nouveau les sangs philistin et chaldéen, tandis que le

---

[69] Selon Römer, le nom de Qetoura dérive de la racine hébraïque et arabe *q-t-r* (« brûler de l'encens »). « Ce nom pourrait avoir été choisi à cause des tribus qui sont localisées en Arabie, dans le pays de l'encens, voire impliquées dans le commerce de l'encens ». Qetoura serait donc d'origine arabe. Ainsi, à travers ses fils et petits-fils, les tribus qui couvrent toute l'Arabie, du Nord jusqu'au Sud le plus lointain, se trouvent reliées à Abraham (2023 : 402).

mariage d'Ismaël renforce l'association entre les lignées chaldéenne et égyptienne.

Ainsi, la filiation élue de Dieu se révèle hybride et inclusive, essentiellement réfractaire à toute revendication exclusive. De ce point de vue, Abraham mérite pleinement le titre de père de la multitude, celui par qui toutes les nations sont bénies.

Les peuples rassemblés au sein d'une même généalogie

L'œcuménisme incarné par Abraham confirme le schéma généalogique inclusif dessiné dans la Genèse. Ce schéma rattache toutes les peuplades du Proche-Orient à une seule et même famille issue de Noé et réunie à nouveau par Abraham.

Les Moabites et les Ammonites trouvent leurs racines en Lot, neveu d'Abraham. Les Ismaélites ou les Hagarites se rattachent à Ismaël. Les Sabatéens, Madianites, Qédarites, Qédmonites et autres tribus arabiques se réclament de l'union entre Abraham et Qetoura. Les Hébreux, eux, descendent d'Isaac par l'intermédiaire de Jacob et de ses fils. Les Philistins, eux aussi, s'inscrivent dans cette vaste famille par leur parenté avec Isaac. Enfin, les autres Cananéens restent de lointains cousins, descendants de Canaan, petit-fils de Noé.

Au sein de cette immense famille, Abraham se dresse tel un patriarche universel liant, par ses liens de parenté, les divers peuples de la région dans un projet d'humanité unifiée. Dès lors, les terres de Canaan – et au-delà, celles qui s'étendent du torrent d'Égypte jusqu'à l'Euphrate – lui appartiennent, à lui et à ses descendants. Il n'a pas besoin de les conquérir, ni de les acquérir, car par son hospitalité radicale, il est devenu le père de toutes les familles et de toutes les nations qui y habitent.

Cependant, au sein de cette vaste famille, la rivalité, les conflits et la belligérance se sont introduits dès l'origine, de manière insidieuse, empoisonnant les cœurs et les comportements. Cette réalité, que le livre de la Genèse ne dissimule pas, mais que notre étude n'a pas approfondie, révèle le caractère natif et récurrent du mal de division.

Dans ce contexte, aucune lignée ne peut prétendre à une position plus honorable, ni revendiquer une origine moins entachée. Contrairement aux interprétations traditionnelles qui exaltent la descendance d'Isaac en raison de sa conception prétendument surnaturelle et exempte de toute impureté menstruelle, notre analyse démontre que tous les peuples de la région – qu'ils soient descendants directs ou apparentés à Abraham – portent, dans leur origine généalogique, la marque du mal : la servitude pour Ismaël, l'adultère pour Isaac, le concubinage pour les fils de Qetoura, l'inceste pour les fils de Lot, et enfin la malédiction pour tous les enfants de Canaan.

Ainsi, dans la vaste famille décrite par le livre de la Genèse, aucune lignée, aucune branche, ni aucune descendance ne peut revendiquer une origine plus glorieuse que les autres ; aucune ne peut prétendre être exempte du mal radical qui corrompt la coexistence fraternelle. Néanmoins, tous les descendants d'Abraham, ainsi que tous les peuples dont il est le père, sont appelés à suivre le chemin de rédemption qu'il a inauguré. Dans cette perspective, tous occupent des positions équivalentes au regard de Dieu.

Égalité de vocation entre les descendants d'Abraham

Nous avons démontré tout au long de notre étude que le récit de la Genèse maintient une parfaite symétrie entre Isaac et Ismaël, leur conférant une place égale dans la descendance bénie du père des croyants.

Les fils d'Abraham reçoivent chacun un nom révélé par Dieu (16,11 et 17,15), et proclamé par leur père avec la même formule (16,15 et 21,3). Tous deux sont circoncis conformément au pacte d'alliance (17,26 et 21,4) et, en tant que descendants d'Abraham, ils partagent les mêmes droits sur la terre de Canaan (12,7 ; 15,18 ; 17,8). Ils bénéficient également de la même promesse d'une postérité nombreuse (16,10 et

17,16), dont les prémices sont rapportées dans le livre de la Genèse de manière identique : par la liste des douze descendants d'Ismaël et celle des douze fils de Jacob, issus d'Isaac (25,13-16 et 35,22-26). Enfin, le texte utilise une même expression, réservée aux grands personnages bibliques, pour annoncer leurs décès respectifs (25,17 et 35,28-29)[70]. Ces parallèles établissent une parfaite égalité entre les fils d'Abraham en termes de statut, de vocation et de bénédiction.

Une alliance offerte de façon concurrente aux deux fils

Les interprétations convenues de l'histoire d'Abraham confèrent l'exclusivité de l'alliance divine à Isaac et à sa descendance, produisant ainsi des conséquences regrettables tant pour ceux qui se réclament d'Isaac que pour les autres. Cependant, notre analyse révèle une perspective différente et contrastée. Le livre de la Genèse soutient, en réalité, une double revendication : c'est chacun des fils d'Abraham qui se voit accordé le droit de revendiquer le privilège de l'alliance et les promesses qui en découlent.

D'un côté, en Genèse 17, la préférence est donnée à Isaac : « Quant à mon alliance, c'est avec Isaac que je l'établirai, avec l'enfant que Sarah va te donner l'an prochain à pareille époque » (17,21) ; « J'établirai mon alliance entre moi et toi, et après toi avec ta descendance, de génération en génération ; ce sera une alliance éternelle ; ainsi je serai ton Dieu et le Dieu de ta descendance après toi. À toi et à ta descendance après toi je donnerai le pays où tu résides, tout le pays de Canaan en propriété perpétuelle, et je serai leur Dieu » (17,7-8). Dans la logique de cette première ligne prédicative, il est précisé qu'Abraham « donna tous ses biens à Isaac », tout en faisant des « donations aux fils de ses concubines » (25,5-6). C'est

---

[70] « Les années de la vie d'Ismaël furent de cent trente-sept ans ; il expira et mourut, et il fut recueilli auprès de son peuple » (25:17) ; « Les jours d'Isaac furent de cent quatre-vingts ans. Il expira et mourut, et il fut recueilli auprès de son peuple » (35:28-29).

donc avec Isaac que l'alliance est scellée, et c'est à lui que reviennent l'héritage d'Abraham et la terre promise.

De l'autre côté, cependant, en Genèse 15, c'est à Ismaël que revient l'avantage : « Ce jour-là, le Seigneur conclut une alliance avec Abram en ces termes : "À ta descendance je donne le pays que voici, depuis le Torrent d'Égypte jusqu'au Grand Fleuve, l'Euphrate" » (15,18) ; « Abram dit encore : "Tu ne m'as pas donné de descendance, et c'est un de mes serviteurs qui sera mon héritier !" Alors cette parole de Yahvé fut adressée à Abram : "Ce n'est pas lui qui sera ton héritier, mais quelqu'un de ton sang" » (15,4). Or, c'est Ismaël qui est issu du sang d'Abraham, non Isaac ; c'est donc à Ismaël que revient l'héritage de son père et le pays qui va du fleuve jusqu'à la mer. Dans cette perspective, Abraham donne l'avantage à son fils « aîné » dans l'attribution de son héritage, « en lui donnant double part de ses biens, car c'est lui les prémices de sa virilité, c'est à lui qu'appartient le droit d'aînesse » (Dt 21,17).

Ainsi, au sein de l'alliance divine, chacun des fils d'Abraham peut légitimement se considérer comme héritier. Tous deux peuvent se dire bénéficiaires de l'alliance et destinataires de la terre promise.

L'octroi de légitimités concurrentes permet à chacun des frères de formuler sa propre revendication de vérité et d'affirmer une différence radicale. En situation de conflit, une telle configuration peut exacerber la rivalité fraternelle, surtout si chacun absolutise sa position en se réclamant d'un lien privilégié avec le divin. Cependant, aucun ne pourrait se replier sur la prétention d'être le seul élu et béni de Dieu. Chacun doit reconnaître l'égale légitimité de l'autre, son droit absolu de se réclamer de Dieu et de bénéficier des dons de la promesse. Autrement dit, nul ne peut se dire fidèle à Dieu s'il ne fait pas place à l'autre et le traite avec la même considération qu'il s'accorde à lui-même.

En conférant à chacun des frères le droit exclusif de revendiquer le privilège de l'alliance, le cadre génésiaque ne laisse finalement qu'une seule voie de résolution possible : construire une unité fraternelle plurielle, où l'affirmation des différences s'accompagnerait d'une pleine reconnaissance de l'altérité[71].

La disqualification de l'exclusivisme religieux

La Genèse enseigne que l'alliance de Dieu, ainsi que le don de la terre qui en découle, ne peuvent être accaparés au profit de revendications exclusives. Non seulement les fils de la promesse jouissent d'un droit égal aux yeux de Dieu, mais chacun incarne en lui-même, par son histoire et son origine, la diversité, le métissage et l'accueil de l'étranger. Isaac est le fruit de la liaison entre Abimélek le Philistin et Sarah la Chaldéenne ; Ismaël est né de l'union entre Abraham le Chaldéen et Hagar l'Égyptienne. Tous deux sont les symboles vivants de l'intégration et de l'acceptation de l'autre. L'idée même de faire de l'affiliation à l'un ou à l'autre une revendication communautaire exclusive est un non-sens, une trahison du texte biblique.

Dès lors que Dieu a voulu faire de son peuple élu une mosaïque humaine, tissée de différentes lignées et traditions, toute tentative d'appropriation de l'alliance, de ses promesses et de ses bénédictions au profit d'un seul parti ou d'une seule lignée s'apparente à une usurpation sacrilège. Ceux qui revendiquent pour eux seuls les faveurs divines trahissent

---

[71] C'est dans cet esprit qu'il conviendrait de relire les injonctions guerrières et conquérantes des livres du Deutéronome et de Josué. C'est dans la mesure où les fils d'Israël servent le Dieu d'Abraham, et contribuent par leur combat à œuvrer à la libération des peuples et à détruire l'exclusivisme, qu'ils se sentent autorisés – comme en Ex 23,31-33 – à libérer la terre par la force et à ne pas conclure de pacte avec des ennemis qui ne reconnaissent pas le vrai Dieu et s'opposent à son œuvre salvatrice.

Dieu et sa volonté de fonder son alliance sur une inclusivité équitable, en dépit du mal renaissant de division.

Le sionisme, notamment, se trouve irrémédiablement discrédité. Il est même ironique de constater que si l'on devait se placer sur son terrain fallacieux, en reprenant ses arguments, ses raccourcis et ses fables raciales, et en accordant, comme il le fait, l'exclusivité à Isaac au détriment d'Ismaël, on en viendrait à reconnaître le droit des Philistins, aujourd'hui les Palestiniens, sur la terre de Canaan, puisque Isaac est, génétiquement parlant, le fils du roi philistin Abimélek.

Mais comme nous l'avons démontré, le livre de la Genèse déjoue toutes les logiques endogamiques ainsi que toutes les tentatives d'appropriation communautariste, nationaliste, généalogique ou raciale de la référence divine. Le récit abrahamique stipule que l'alliance divine n'est pas une possession à monopoliser, mais un héritage à partager. La terre promise elle-même, symbole de l'alliance, n'est pas un territoire à accaparer, mais un espace où doivent cohabiter les cultures et les peuples, dans le respect de leur diversité, et malgré les rivalités qui peuvent les opposer.

L'émancipation de la femme

Comme nous venons de le voir, la juste modalité de l'alliance initiée avec Abraham implique de préserver le mystère de Dieu, de rejeter toute forme de superstition, et de refuser toute appropriation exclusive de la référence divine. Toutefois, pour caractériser positivement cette alliance, il serait plus pertinent de souligner qu'elle ouvre un horizon d'épanouissement pour la femme, pour l'être servile, et pour l'enfant marginalisé.

Afin d'éviter tout malentendu, il convient de préciser que si le texte de la Genèse apparaît favorable à la femme, ce n'est pas parce qu'il établit un statut, un rôle ou des fonctions qui lui seraient propres et intrinsèquement bons ou préférables. Ce qui constitue un élément positif, du point de vue de la femme, réside dans le fait que la relation au Dieu d'Abraham instaure une dynamique d'émancipation, favorisant un respect accru de l'altérité, ainsi qu'une avancée vers une égalité plus affirmée entre les sexes, sans pour autant imposer de normes prescriptives ni figer une définition de l'être féminin.

Le statut de la femme dans la Genèse avant Abraham

Les événements relatés dans le livre de la Genèse, qui s'étendent de la création du premier couple humain jusqu'à l'épopée d'Abraham, se déroulent sur un grand nombre de générations. La Bible raconte cette vaste fresque en énumérant les généalogies des hommes qui se succèdent, leur diversité de noms, ainsi que leur différenciation en clans, en territoires et en langues. Cependant, le sexe féminin est largement absent de cette histoire. Entre Ève et Saraï, entre le début de la Genèse et la première mention de la femme d'Abram, seules quatre femmes sont évoquées, tandis que quatre-vingt-treize noms d'hommes sont répertoriés.

Les femmes disparaissent complètement du récit de la Genèse avant le Déluge, au moment où l'iniquité et la violence se répandent sur la terre. Elles ne réapparaissent qu'avec Abram, lorsque celui-ci « prend » une femme, dont on apprend aussitôt qu'elle est stérile (11,29-30). Cette stérilité ne symbolise pas un simple vide biologique, mais une absence de continuité et de promesse, liée à l'occultation de la femme, jusqu'à ce que l'intervention divine vienne bouleverser ce destin.

L'histoire d'Abraham, et l'alliance de Dieu qu'elle inaugure, offrent alors l'occasion d'une transformation radicale dans le statut accordé à la femme. Celle-ci réintègre le récit sacré, non plus comme une figure marginale ou absente, mais comme un élément central et indispensable à la réalisation du dessein divin.

Le contraste entre Saraï et Sarah

Comme nous l'avons souligné, Saraï incarne la femme soumise à la domination patriarcale, réduite à son rôle de mère génitrice et cantonnée aux tâches ménagères. Son existence est définie et limitée par le cadre phallocrate qui la construit et la maintient. Son statut en tant qu'individu n'est guère reconnu, car elle se perçoit toujours en fonction de son lien de parenté au père, au frère ou au mari. Essentiellement, elle est réduite à sa valeur marchande dans les transactions matrimoniales entre fratries, familles et clans.

Sarah refuse d'être façonnée selon ce modèle. Sa stérilité et son incapacité à accéder à la volupté sexuelle sont les expressions psychosomatiques inconscientes de son refus d'être ignorée dans sa spécificité et réduite aux seules fonctions de procréation sous le joug patriarcal. Sa révolte éclate avec la venue d'Ismaël et se cristallise contre la présence de ce dernier au sein de son foyer. Sarah rêve alors de se construire elle-même, d'être à l'origine du monde qu'elle habite et de la descendance qu'elle suscite. Si son père, son frère et son époux l'ont appelée Saraï, elle aspire à être nommée Sarah, incarnant l'audace et la liberté d'une Princesse indépendante. Dès lors que son chemin croise celui d'un homme magnanime et séduisant et que, portée par ses aspirations, ses frustrations et ses fantasmes, elle se laisse emporter par lui, Sarah découvre qu'elle n'est pas physiologiquement stérile.

Le contraste entre les deux femmes se manifeste clairement dans la différence de leurs attitudes : tandis que Saraï suggère à Abram de s'unir à sa servante, Sarah exige d'Abraham qu'il renvoie Hagar. Dans le premier cas, « Abram écoute la voix de Saraï » (16,2), mais uniquement dans la mesure où celle-ci répond à ses propres souhaits et aux impératifs de procréation imposés par la société patriarcale. En revanche, dans le second cas, Abraham est enjoint d'« écouter la voix de Sarah », alors même que cela contredit ses propres désirs et l'ordre qu'il a établi (21,12).

Saraï et Sarah incarnent ainsi deux visages de la femme :
l'une, soumise et définie par les structures patriarcales ; l'autre,
insurgée et désireuse de se construire librement. Le passage
de l'une à l'autre préfigure une métamorphose profonde de la
conscience et du statut de la femme dans la société.

Cependant, le texte de la Genèse ne prend pas parti en
faveur de Sarah contre Saraï. Si le consentement résigné de
Saraï est associé à la stérilité et à l'indifférenciation, la révolte
vindicative de Sarah est implicitement condamnée, car elle
conduit à la dissolution des liens conjugaux et fraternels. Dans
la Genèse, les deux postures extrêmes – celle du consentement
docile, et celle de la révolte inconditionnée – sont renvoyées
dos à dos. L'objection divine « Si, tu as ri ! », adressée à Sarah
lorsqu'elle nie l'avoir fait, capte cette double dénonciation à sa
manière. D'une part, cette déclaration encourage Sarah à sortir
de la soumission, à exprimer ses aspirations, et à ne pas avoir
honte de ses désirs. D'autre part, elle la met en garde contre
les dangers de la révolte sarcastique que trahit son rire.

Les égarements que représentent les postures opposées de
l'acceptation servile et de la révolte désordonnée pourraient
trouver leur commune origine dans une relation déficiente
avec Dieu. En effet, Saraï se soumet d'autant plus facilement
aux diktats de la société qu'elle évite l'épreuve de la
responsabilité devant Dieu. De même, Sarah s'égare en
cherchant à se construire par elle-même, parce qu'elle néglige
le Seigneur et ses exigences. Comme nous l'avons vu, la
relation de la femme d'Abraham avec Dieu est restée difficile
tout au long de son existence.

Ainsi, ni la révolte ni la soumission ne sont des voies
complètes en elles-mêmes. La femme qui aspire à son émancipation gagnerait donc à maintenir en tension les impératifs
contraires de liberté et d'obéissance, en réinscrivant sans
cesse sa révolte dans le préalable du consentement. Un tel
cheminement ne pourrait être pleinement soutenu et accompli
dans l'existence qu'à travers une relation plus profonde et

harmonieuse avec le divin. C'est ce que suggère précisément la trajectoire d'Hagar.

Révolte et consentement comme chemins de libération

S'il est une leçon majeure à tirer de l'expérience d'Hagar, c'est la nécessité de conjuguer constamment la révolte avec le consentement.

La première réaction d'Hagar face à l'humiliation et à la violence a été de fuir. Cette forme de rébellion était sans doute son unique moyen de résister à l'oppression. Pour elle, c'était aussi une façon de reprendre le contrôle de sa propre vie, en affirmant sa qualité de sujet par-delà son statut social : « En face de Saraï, ma maîtresse, moi (*'ânokî*) je fuis » (16,8).

Or, le messager de Dieu ne condamne pas l'insubordination d'Hagar. Il la renvoie à l'épreuve du consentement, lui demandant d'accepter sa situation au sein du foyer d'Abram et d'endurer le traitement qu'elle recevrait de sa maîtresse (16:9). Cette injonction révèle un profond paradoxe : le chemin vers la victoire suppose de placer l'acceptation avant la révolte et de renforcer sans cesse l'effort de libération par le consentement. Hagar n'est pas invitée à une soumission passive, mais plutôt à embrasser sa réalité comme point de départ, tout en persévérant dans sa quête de liberté – pour elle-même et pour son enfant. C'est dans cette posture duale d'acceptation et d'effort que Hagar peut espérer voir les promesses de bénédiction s'accomplir. La liberté, dans ce cadre, est envisagée à partir de son ancrage dans le contexte historique du sujet et les déterminations qui le précèdent dans l'ordre de la nature, de la culture et du politique.

L'instauration de l'égalité des sexes

Au-delà des indications fournies sur la conduite appropriée de la libération, le livre de la Genèse esquisse, à travers l'histoire d'Abraham et de Sarah, une transformation profonde du régime patriarcal en vigueur. L'épopée du couple, avec ses péripéties, ses ruptures et ses réconciliations, ses égarements et ses découvertes, fait émerger de nouveaux rapports de pouvoir entre les sexes et propose une conception conjugale différente de celle où l'homme règne en maître absolu.

Un élément crucial de cette reconfiguration est l'abandon de la culpabilisation unilatérale envers la femme. Le récit biblique établit une symétrie parfaite entre Abraham et Sarah face aux drames qui affectent leur union. L'histoire met en scène un double adultère : celui d'Abraham avec Hagar, et celui de Sarah avec Abimélek. Pour marquer l'égale culpabilité des partenaires, mais aussi pour souligner la part de responsabilité qui incombe à la personne lésée, le texte présente chaque fois le conjoint en position de victime comme l'instigateur de l'offense : c'est Saraï qui propose à Abram de s'unir avec sa servante, et c'est Abraham qui conseille à Sarah de se faire passer pour une femme célibataire.

Un second élément fondamental du rééquilibrage au sein du couple réside dans le fait que la résolution des conflits ne se fait plus uniquement au détriment de la femme. Si Sarah a dû accepter un arrangement qu'elle ne cautionnait pas (partager son foyer avec sa servante et le fils de cette dernière), Abraham devra à son tour acquiescer à une situation qu'il désapprouve (vivre séparé d'Ismaël et d'Hagar). Le récit biblique prend néanmoins soin de ne jamais justifier les conséquences négatives que les fautes des parents et leurs arrangements peuvent entraîner pour les enfants innocents. L'éloignement d'Ismaël provoque à chaque fois l'intervention divine, qui vient le restaurer au cœur de l'alliance et lui promettre un avenir radieux, soulignant ainsi l'innocence de l'enfant et l'injustice qui lui est faite.

Encore plus significatif est le changement opéré dans le système de filiation. Bien que le cadre patrilinéaire demeure intact, avec les enfants mâles continuant à hériter de leur père et à assurer la continuité de la lignée, la mère est désormais reconnue comme tout aussi essentielle à la postérité légitime. Les descendants bénis par Dieu sont représentés comme provenant entièrement du père (à travers Ismaël) et entièrement de la mère (à travers Isaac). Dans cette nouvelle institution de la filiation, la mère se voit accorder un statut et des droits analogues à ceux du père[72].

Cette égalité est confirmée par le fait qu'Abraham et Sarah sont tous deux, de manière égale, désignés par Dieu comme les ancêtres d'une descendance glorieuse. À Abraham, Dieu dit : « Je te ferai porter des fruits à l'infini, de toi je ferai des nations, et des rois sortiront de toi » (17,6). Au sujet de Sarah, Dieu affirme : « Oui, je la bénirai, elle sera à l'origine de nations, d'elle proviendront les rois de plusieurs peuples » (17,16).

L'évolution vers l'égalité entre les conjoints se manifeste également dans la manière dont Saraï/Sarah est désignée par le narrateur au fil du récit. Au début de l'histoire, elle est souvent appelée « femme d'Abraham » ou désignée par des expressions similaires. Progressivement, ces désignations sont supplantées par l'utilisation de son nom propre, Saraï puis Sarah, qui devient la seule utilisée à partir de l'annonce de la naissance d'Isaac[73]. Dans l'incipit du chapitre 21, relatant la

---

[72] Il est intéressant de noter que, si Abraham prend l'initiative de trouver une épouse pour Isaac (ch. 24), c'est à Hagar qu'il revient de choisir une compagne pour Ismaël (21,21). Ces dispositions établissent une équivalence entre l'homme et la femme dans le rôle qu'ils assument en matière de choix matrimoniaux pour leurs fils. De plus, dans les deux cas, c'est le parent en position défavorable qui est mis en avant. On aurait pu s'attendre à ce que ce soit la mère biologique d'Isaac, plutôt que son père adoptif, qui se charge de lui trouver une épouse. De même, il aurait été plus conventionnel que ce soit le père qui choisisse une compagne pour son fils aîné Ismaël, et non sa mère, dont le statut de concubine et de servante est perçu comme une pénalité.

[73] L'appellation « femme d'Abraham » réapparaît après la mort de Sarah, mais elle revêt alors une signification positive, parce qu'elle distingue alors Sarah des autres femmes d'Abraham et ne la sépare plus de son conjoint.

venue de l'enfant, les noms de Sarah et d'Abraham apparaissent chacun à six reprises, soulignant leur importance
égale dans la réalisation de l'alliance et de la promesse. Tous
deux possèdent une valeur et une vocation équivalentes
devant Dieu.

Ce principe fondamental d'égalité essentielle entre l'homme
et la femme devant Dieu – principe qui englobe et pérennise
tous les autres ajustements – est de nouveau souligné, au
chapitre 17, par le fait que chacun des partenaires dans le
couple reçoit de Dieu une nouvelle identité ainsi que la
promesse d'un accomplissement.

L'égalité de vocation entre l'homme et la femme dans le
cadre de l'alliance divine, ainsi que la nécessité de traduire
cette égalité en relations sociales justes et respectueuses de
l'altérité, sont des enseignements fondamentaux de la geste
abrahamique. Cependant, cet enseignement est largement
négligé dans les lectures contemporaines du texte de la Genèse
qui, comme nous l'avons souligné, tendent à justifier la
subordination de la femme et la perpétuation de la domination
masculine.

Toutefois, il convient de noter que le premier livre de la
Bible n'entreprend ni de définir l'essence de l'être féminin[74],
ni de dicter la manière dont l'exigence d'équité et d'inclusivité
voulue par Dieu doit être traduite concrètement. C'est à travers
une relation non idolâtrique au divin que les partenaires du
couple humain sont appelés à construire des rapports plus
inclusifs et équitables, leur permettant de réaliser leurs
potentialités les plus généreuses, malgré les forces négatives

---

[74] Bien que la maternité demeure un élément central dans le récit
biblique pour l'accomplissement de la femme, elle ne constitue ni
l'unique critère, ni le fondement ultime de la féminité. Ainsi, en refusant
d'être la mère d'Ismaël et en riant à l'annonce de la naissance d'Isaac,
Sarah exprime, d'une certaine manière, son désir de vivre pleinement sa
vie et de se définir indépendamment de son rôle de mère. Ce sont
finalement les événements qui en décideront autrement.

qui continuent de les diviser et de les éloigner de leur véritable vocation[75].

L'émancipation de l'être servile

L'histoire d'Hagar démontre, de manière éclatante, que l'être asservi, l'esclave ou le serviteur, tout comme la femme, reçoit une attention particulière de la part de Dieu.

Hagar est présentée comme une domestique appartenant à Saraï (16,1). Originaire d'Égypte, elle fait partie des « esclaves et servantes » que Pharaon offre à Abram (12,16). Ses maîtres ne la nomment jamais par son prénom, mais se réfèrent à elle en tant que « servante », soulignant la valeur instrumentale qu'elle représente à leurs yeux.

En contraste, le narrateur de la Genèse la désigne toujours par son nom propre, Hagar, comme s'il tenait à souligner son identité de femme au-delà de son statut de domestique. Le narrateur ne dit pas qu'Abram s'unit à une étrangère ou à la servante de Saraï, mais à cette femme nommée Hagar (16,4). Il va plus loin encore : il estime que Saraï, en proposant à Abram de s'unir à Hagar, la lui donne « pour femme » (16,3). Ainsi, la servante se voit promue au rang d'épouse, et placée sur un pied d'égalité avec sa maîtresse.

Cependant, le texte de la Genèse va au-delà de la simple libération ou égalisation. Comme l'ont souligné les analystes contemporains, Hagar reçoit une attention particulièrement marquée de la part de Dieu. Par touches discrètes et successives, le texte lui confère une vocation extraordinaire, tout aussi éminente que celle des plus grands personnages de la Bible.

---

[75] Il importe également de souligner que l'histoire familiale d'Abraham touche à d'autres problématiques essentielles relatives aux structures juridiques qui organisent la famille, comme l'adoption ou le choix entre endogamie et polygamie, que nous ne traitons pas dans le cadre de notre étude.

Hagar : un personnage clé et oublié de la Bible

André Wénin (2001) observe que « si Saraï en appelle à Dieu pour qu'il intervienne entre Abram et elle, c'est néanmoins en faveur d'Hagar, qui se trouve précisément entre eux deux, qu'il interviendra d'abord ». Phyllis Trible (2002 : 23) note qu'Hagar est la première personne dans la Bible à recevoir la visite d'un messager divin. Louis Massignon (1998) relève que les larmes d'Hagar au désert sont « les premières de l'Écriture après le déluge », et qu'elles « feront jaillir l'eau miraculeuse de la terre calcinée ». Ces remarques mettent d'emblée en lumière l'importance d'Hagar aux yeux de Dieu.

Cependant, Hagar n'a pas été seulement visitée par un ange ou réconfortée dans sa détresse. Elle est la première personne à avoir eu une rencontre directe avec Dieu, marquée par un échange de paroles et de regards. Elle a vu Dieu : « Ai-je bien vu ici, de dos, celui qui me voit ? » (16,13). D'autres personnages de l'Ancien Testament – comme Jacob (32,31), Gédéon (Jg 6,22-23), Samson (Jg 13,22) et Isaïe (Is 6,5) – ont aussi eu des visions de Dieu, mais ils étaient tous surpris de rester en vie, car il est dit que personne ne peut voir Dieu sans mourir. Pourtant, Hagar a vu Dieu sans être blessée, terrassée, ni même effrayée. Sa vision de Dieu est associée à l'image d'une source (16,7) ou d'un puits (16,14). Comme le souligne Jean Vanel, « Hagar est la seule pour qui voir Dieu a été une eau désaltérante et non un feu dévorant » (1984 : 126).

Hagar est également la première femme dans la Bible à recevoir une promesse de descendance. Cette promesse lui est faite en utilisant un « oracle de naissance », un schéma biblique stéréotypé comprenant quatre volets : l'annonce de la grossesse, le nom à donner à l'enfant, l'explication de ce nom et la prédiction d'un avenir exceptionnel. Ce schéma, précise Thomas Römer, est repris à l'identique pour d'autres personnages éminents de la Bible : Samuel (1S 1,20-22), Samson (Jg 13,5-7), le Messie annoncé en Esaïe 7, et Jésus en Luc 1.

À travers l'annonce de son fils, Hagar est placée en compagnie des personnages les plus illustres de l'histoire sacrée.

Il est également significatif de noter que l'annonce d'une descendance nombreuse faite à Hagar – « Je multiplierai, je multiplierai ta descendance : tellement nombreuse qu'il sera impossible de la compter ! » (16,10) – est similaire à celles faites à Abraham – « Je rendrai nombreuse ta descendance, autant que la poussière de la terre : si l'on pouvait compter les grains de poussière, on pourrait compter tes descendants ! » (13,16) – et à Jacob – « Je rendrai ta descendance comme le sable de la mer qu'on ne peut dénombrer, tant il y en a » (32,13). Du point de vue de Dieu, la descendance de la servante égyptienne est aussi importante et glorieuse que celles des grands patriarches.

Toutefois, ce qui demeure le plus remarquable dans l'histoire d'Hagar est que son exil forcé dans le désert préfigure l'exode du peuple d'Israël sous la conduite de Moïse. De la même manière qu'Hagar est humiliée par Saraï, qui lui « fait violence (*'anah*) » (16,6), le peuple hébreu est aussi opprimé par Pharaon, qui lui « fait violence (*'anah*) » (Ex 1,12 ; Dt 26,6). Le même verbe *'anah* est utilisé dans les deux cas. De plus, Hagar fuit Saraï (16,8), tout comme les Hébreux fuient Pharaon (Ex 14,2). Tout comme Hagar bénéficie d'une rencontre divine dans le désert (16,7-12), Moïse a aussi le privilège d'une rencontre avec Dieu (Ex 3,2). Tous deux obtiennent de Dieu une promesse de libération : à Hagar, il est promis la liberté pour le peuple qui naîtra d'elle ; à Moïse, il est promis la libération du peuple hébreu de l'esclavage. Dans les deux cas, Dieu prête attention à la misère (*'oniy*) de l'opprimé : « Yahvé a entendu ta misère », est-il dit à Hagar (16,11) ; « J'ai vu la misère de mon peuple », est-il écrit dans l'Exode (Ex 3,7). Enfin, tout comme Moïse « découvre » le nom de Yahvé, Hagar « crie » le nom divin d'El-Roï (16,13).

Le périple d'Hagar se situe aux origines mêmes de l'histoire sacrée, préfigurant les nombreux exodes qui suivront, jusqu'à l'épopée libératrice de Moïse. Son récit invite les croyants à revivre cette rencontre libératrice avec Dieu, tant sur le plan individuel que collectif. Dans le récit de la Genèse, c'est Hagar, et non Sarah, qui se révèle l'archétype de la femme engagée sur un chemin de rectitude.

Enfin, il est essentiel de souligner que l'exil d'Hagar, tout en préfigurant l'exode des enfants d'Israël, orchestre un renversement des identités ethniques ou nationales des protagonistes. C'est en effet une ancêtre d'Israël (Saraï) qui persécute une Égyptienne (Hagar), et non un Égyptien (Pharaon) qui persécute des Hébreux (les enfants d'Israël). Cette inversion souligne que ce n'est pas l'appartenance communautaire, ethnique ou nationale qui détermine la place de chacun dans l'alliance de Dieu, mais plutôt la sincérité de la foi et l'engagement en faveur de la libération et de la fraternité.

La révolution spirituelle d'Hagar à Marie

L'histoire d'Hagar résume la promesse la plus persistante de la Bible : l'opprimé peut devenir libre, le faible puissant, le berger roi, et le vaincu triomphateur. Cette rhétorique du renversement, enrichie et développée au fil des livres et des siècles, atteint son apogée dans l'ultime inversion incarnée par Jésus : le serviteur souffrant devient sauveur. Au commencement de cette grande transformation, de cette révolution des idées religieuses et humaines, se trouve l'expérience d'Hagar.

Pour bien souligner ce fait, Marie, la mère de Jésus, est présentée dans les Évangiles comme une nouvelle Hagar. Ainsi, comme nous l'avons signalé, l'annonce de l'enfantement de Marie reprend à l'identique – à l'exception du nom de l'enfant – les termes adressés par le messager divin à la servante d'Abraham : « Voici que tu vas concevoir et enfanter un fils ; tu lui donneras le nom de Jésus » (Lc 1,31). Marie assume d'ailleurs pleinement sa situation de « nouvelle Hagar » en célébrant, dans son Magnificat, le Seigneur qui

« s'est penché sur l'humiliation de sa servante » et qui « élève les humiliés » (Lc 1,48.52). Comme le souligne Philippe Lefebvre (2024), « Marie est placée au début de notre évangile comme une nouvelle Hagar, alors qu'Élisabeth et Zacharie sont en situation de Sarah et d'Abraham. Les enfants qui naîtront alors, Jean-Baptiste puis Jésus, apparaissent donc comme un nouvel Isaac et un nouvel Ismaël. Et l'on peut ici soit s'étonner, soit rire ! On attendrait une situation inverse : que Jésus soit d'emblée explicitement situé en lieu et place d'Isaac, fils d'Abraham et de Sarah, et que Jean, l'annonciateur qui s'effacera devant le Christ, occupe plutôt la place "subalterne" d'un Ismaël. Mais non ! Les rires inauguraux de la Genèse retentissent et opèrent encore. C'est celui qui paraît le moins – le second arrivé, issu de la "servante", de la nouvelle Hagar – qui est le "fils du Très Haut" (Lc 1, 32) ».

En plaçant Marie dans la lignée de Hagar, l'Évangile de Luc nous rappelle que Dieu continue de faire éclater les schémas habituels de la condition humaine pour révéler une vision plus profonde de la justice et de la rédemption.

L'enfant déshérité au fondement de l'alliance de Dieu

Le trait sans doute le plus remarquable de l'alliance abrahamique, et ce qui la caractérise fondamentalement, est qu'elle repose sur l'accueil et la pleine intégration des exclus, figurés par l'enfant de la servilité et l'enfant de l'adultère[76].

---

[76] Dans son ouvrage *Abraham on Trial: The Social Legacy of Biblical Myth*, Carol Lowery Delaney examine l'histoire d'Abraham sous divers angles, avec l'intention délibérée de « mettre Abraham en procès ». L'auteure s'interroge sur les raisons pour lesquelles les religions abrahamiques n'ont pas adopté « la protection passionnée de l'enfant comme fondement de la foi » (1998 : 252). Elle critique à cet égard le récit d'Abraham, affirmant que cette histoire aurait exercé « une influence, certes subtile mais significative » sur les crimes commis envers les enfants au fil des âges, jusqu'à ceux perpétrés aujourd'hui, à travers « les abus physiques et sexuels, la pauvreté et le système d'aide sociale » (1998 : 233). Pour Delaney, le problème réside, d'une part,

Dieu établit son alliance en partant de deux enfants qui, selon les normes de leur époque, auraient dû être réprouvés comme parias. Ismaël, en tant que fils d'une esclave, aurait dû partager le statut de sa mère, conformément au principe juridique qui sera énoncé dans le Talmud : « Tout enfant né d'une servante est comme elle » (*Mishna, Kiddushin* 3:12).

Isaac, quant à lui, issu d'une union marquée par le mensonge et la tromperie, aurait dû être stigmatisé et rejeté de la communauté. L'enfant né d'une union illégitime ou d'un adultère – enfant qualifié de *mamzer* – reçoit un traitement sévère dans la loi juive : il est privé de droits d'héritage, exclu, ainsi que ses descendants, de la communauté, et restreint dans ses possibilités de mariage à ceux qui partagent son statut.

Cependant, la divine providence renverse ces pratiques. Ismaël, malgré sa condition de fils d'esclave, et Isaac, bien que né à l'ombre de l'infidélité, sont les premiers bénéficiaires de la promesse de bénédiction et de grandeur. Ils deviennent les porteurs de l'alliance et les continuateurs de la lignée abrahamique.

Ce choix ne cautionne en aucune manière le péché des parents, pas plus qu'il n'annule la loi des hommes. Il énonce cependant deux principes fondamentaux et transcendants. Tout d'abord, Dieu proclame qu'aucune véritable alliance avec lui ne peut être établie sans l'accueil des déshérités,

---

dans le fait que, dans la Bible, seule la paternité – et non la maternité – confère une identité aux enfants, qu'ils soient filles ou fils. D'autre part, la Bible accorderait au père la possession exclusive de l'enfant et légitimerait son pouvoir de le sacrifier, comme l'illustre l'épisode du sacrifice d'Isaac. C'est cet ensemble de facteurs qui, selon Delaney, scelle l'influence néfaste du mythe fondateur d'Abraham sur le sort des enfants. Cependant, notre étude montre que ces éléments ne tiennent que dans le contexte des présentations conventionnelles de l'histoire de la Genèse, et qu'ils se trouvent réfutés dans le cadre de notre interprétation. Ainsi, le procès intenté à Abraham, s'il était instruit à la lumière de notre relecture, aboutirait, comme nous le démontrons ici, à des conclusions diamétralement opposées à celles de Delaney.

l'intégration des exclus et l'adoption des orphelins. Ismaël et Isaac incarnent l'innocence martyrisée que Dieu entend placer au cœur et au fondement de toute alliance avec lui. Abraham a parfaitement saisi cette vérité divine. En accueillant deux enfants que la société de ses pères et les bien-pensants auraient condamnés, Abraham accueille Dieu lui-même et s'élève à la hauteur du nom que le Seigneur lui a donné : père de la multitude, par qui tous les enfants de la terre sont bénis.

L'histoire d'Abraham réinvente les notions mêmes de justice et de communauté. Elle révèle que la fidélité à Dieu ne se mesure pas uniquement à l'obéissance aux lois, mais surtout à la capacité d'accueillir ceux que ces lois auraient pu exclure. En faisant d'Ismaël et d'Isaac les fils de la promesse, Dieu montre que sa justice transcende les normes humaines de légalité, de pureté et de légitimité. Il indique que son alliance s'adresse avant tout à ceux qui intègrent les marginalisés et les opprimés. Ainsi, l'histoire d'Abraham nous invite à repenser les critères d'exclusion et à adopter une vision de la société où chaque individu, quelles que soient ses origines, peut trouver sa place et sa dignité.

L'histoire d'Abraham établit un autre principe fondamental : la bénédiction de Dieu a essentiellement à voir avec son pardon. Ce don, bien que gratuit et inconditionnel, suppose la réforme de soi, les bonnes actions dans le monde et la pratique du pardon envers autrui. Abraham a dû reconnaître ses fautes, persévérer dans sa transformation personnelle, et s'efforcer de renouer les liens brisés au sein de sa famille et de sa société, afin de s'élever à la hauteur de la vie féconde et du rôle éminent que Dieu lui avait destinés.

En devenant celui qui, sans renoncer à lui-même, à ses aspirations ni à son propre bonheur, transforme la vision de la communauté, progresse sur le chemin de la réconciliation, et accueille ceux que le monde tend à ignorer ou à exclure, Abraham s'impose comme un modèle intemporel pour les croyants. Il illustre que la véritable grandeur réside dans la capacité à incarner la compassion divine, à faire du malheur une occasion de renouveau, et à jeter les bases d'un monde émancipé, pluriel et fraternel, malgré les forces contraires qui le déchirent.

Conclusion

Les interprétations convenues de l'histoire d'Abraham, qu'elles soient prosaïques ou savantes, partagent une même compréhension de la trame narrative de l'épopée du patriarche et des événements marquants qui la composent. Cette lecture habituelle du récit – que les recherches récentes n'ont guère remise en question – est réductrice. Elle néglige certaines dimensions fondamentales du texte et perpétue ainsi des appréciations malencontreuses concernant Abraham, sa vision du monde et le paradigme de croyance qu'il incarne.

Malgré quelques progrès notables, les exégèses contemporaines peinent à détacher l'histoire d'Abraham d'une conception superstitieuse de la foi, d'une vision patriarcale et misogyne des relations entre les sexes, et d'une perspective exclusiviste de l'alliance avec Dieu. Dans ce contexte, il devient difficile de comprendre pourquoi Abraham a été si profondément vénéré par les diverses traditions religieuses, et pour quelles raisons il devrait continuer à l'être. Peut-on célébrer, comme père d'une multitude, modèle des croyants et serviteur d'une alliance salvatrice avec Dieu, un homme de foi aveugle, aux mentalités méprisantes envers les femmes, et dont la vision du monde est empreinte d'exclusivisme ?

Les interprétations convenues du cycle abrahamique sont étroitement liées aux cadres conceptuels dominants de notre civilisation monothéiste. Elles participent à la perpétuation de certains traits négatifs dans les mentalités collectives, tels que les croyances superstitieuses en des solutions miraculeuses, les préjugés qui favorisent la domination des femmes, et les tendances à l'exclusivisme dans les pensées et les pratiques. Ces traits ont contribué à la crise de civilisation sans précédent que traverse notre monde, et restent des obstacles sous-jacents à l'émergence d'une culture de la responsabilité capable de répondre aux défis écologiques et sociaux de notre temps[77].

La situation désastreuse dans laquelle les régions de Canaan s'enfoncent aujourd'hui est particulièrement révélatrice. Au cœur de ce drame, la figure ancestrale d'Abraham continue d'être invoquée comme référence par des politiques empreintes de cynisme et d'iniquité. N'est-il pas consternant de voir des perspectives fondées sur l'intérêt des puissants, le mépris des plus démunis et l'emballement d'un capitalisme destructeur se regrouper sous l'étendard des soi-disant « accords d'Abraham » ?

La lecture que nous proposons de l'épisode abrahamique ouvre un horizon radicalement nouveau. Alors que les approches existantes demeurent tributaires des présupposés de l'herméneutique de la confiance, nous avons privilégié une méthode d'interprétation dialectique, qui maintient en tension les partis pris de la confiance et de la suspicion. Cette démarche nous a permis d'apprécier à leur juste valeur les élaborations narratives du texte de la Genèse, ses constructions stylistiques et linguistiques, ses jeux de répétitions et de parallèles, et ses procédés d'allusion et d'ambivalence. Nous

---

[77] On pourra se reporter, sur ce point, à mon récent ouvrage *Crise écologique, crise de Dieu*.

avons ainsi pu révéler des dimensions de signification que les préjugés réducteurs des lectures actuelles avaient occultées. C'est alors une autre histoire, offrant une vision renouvelée du divin et de la condition humaine, qui a peu à peu émergé.

Cette nouvelle compréhension dissipe les objections que nous avons formulées à l'encontre des lectures convenues. Tout d'abord, la foi d'Abraham apparaît plus ambivalente et complexe qu'on ne le suppose généralement. Si elle implique un abandon confiant à Dieu – Abraham ayant consenti à tout quitter sur la seule base d'une parole ou d'une promesse –, elle demeure néanmoins interrogative, traversée par la crainte et le doute. Cette foi n'en est que plus agissante, précisément parce qu'elle ne dissipe pas l'insondable mystère de Dieu. Loin de toute crédulité ou superstition, elle s'enracine dans une réalité spirituelle dépourvue de tout artifice surnaturel trompeur, et parvient à faire émerger, au sein même du mal, des miracles de patience, de réconciliation et d'hospitalité universelle.

Par ailleurs, le Seigneur d'Abraham ne se révèle pas comme un maître patriarcal injuste envers les femmes. En opposition à toute conception sclérosée des réalités humaines, il confère aux deux sexes une vocation égale au sein de son alliance, et attend de ses fidèles qu'ils établissent des conditions de cohabitation équitables et respectueuses de la différence de genre. Le Dieu d'Abraham place l'émancipation de la femme opprimée, et plus largement de l'être servile, au cœur de son projet de libération et de rédemption.

Enfin, l'alliance de Dieu, ses promesses et ses bénédictions résistent à toute tentative d'appropriation raciale, nationaliste ou communautariste. Dieu a scellé son pacte avec la lignée d'Abraham précisément parce qu'elle incarne le métissage, l'inclusivité, l'égale légitimité des frères humains, et l'accueil universel. Il a également placé l'adoption des déshérités au fondement de son alliance, de sorte que ce sont eux – les déshérités – qui peuvent revendiquer en toute légitimité, au nom de Dieu, l'héritage de la terre promise.

Dans ce cadre de compréhension renouvelée, Abraham peut être honoré, à juste titre, comme le serviteur de l'alliance de Dieu, le modèle des croyants et le père de la multitude, à travers lequel toutes les nations sont déclarées bénies.

Nous pensons que le travail que nous avons entrepris sur le cycle abrahamique peut ouvrir la voie à une relecture stimulante et profondément renouvelée de l'Ancien et du Nouveau Testament. Une réinterprétation des Écritures, dans le prolongement de nos découvertes, revitaliserait la pensée religieuse, et encouragerait des expériences de foi libératrices et salvatrices. Cela constituerait un élément essentiel pour surmonter l'impasse civilisationnelle dans laquelle nous sommes enlisés, et favoriser une véritable transition vers un monde plus juste et durable.

Bibliographie

Abitbol, S. (2015). Elle a ri. *La Cause du Désir*, 89, 108-109.

Ambroise de Milan (1999), *Abraham*, Migne.

Antier, G. (2016). L'alliance, la migration et leur envers : l'inceste. Lecture psycho-anthropologique du cycle de Lot. *Revue théologique de Louvain*, 47(1), 1–29.

Askénazi, L. (2007). *Leçons sur la Torah.* Albin Michel.

Balmary, M. (1995). *Le sacrifice interdit.* Le livre de poche.

Barth, Karl. (1956). *Petit commentaire de l'Epître aux Romains.* Labor et Fides.

Brayford, S. A. (2010). Feminist criticism: Sarah Laughs last. *Method matters*, 311-331.

Brenner, A., et al. (Eds.). (2005). *A Feminist Companion to Reading the Bible: Approaches, Methods and Strategies*. Sheffield Academic Press.

Calvin (1961). *Commentaires sur l'Ancien Testament*. Tome premier : Le livre de la Genèse. Libor et Fides.

Chauvin, D. (1996). *L'imaginaire des âges de la vie.* ELLUG.

Cuvillier, E. (2007). Bible et psychanalyse. Quelques éléments de réflexion. *Études théologiques et religieuses*, 82(2), 159–177.

Daniélou, J. (1948). *Le mystère de l'Avent*. Éditions du Seuil.

Delaney, C.L. (1998). *Abraham on trial: the social legacy of biblical myth*. Princeton University Press.

Derrida, J. (1999). *Donner la mort*. Galilée.

Descartes R. (1649), *Les passions de l'âme*. Le livre de poche, 1990.

Diatkine, G. (2006). Le rire. *Revue française de psychanalyse*, 70, 529-552.

Exum, J. C. (2000). *Plotted, Shot, and Painted: Cultural Representations of Biblical Women.* Sheffield Academic Press

Gift, K. (2012). Sarah's Laughter as Her Lasting Legacy: An Interpretation of Genesis 18:9-15. *MJUR*, 99-110.

Grayson, A.K. et Van Seters, J. (1975). The Childless Wife in Assyria and the Stories of Genesis, *Orientalia* 44, 1975, pp. 485-486.

Greisch, J. (1969). Préface. Dans : P. Ricœur, *Le conflit des interprétations: Essais d'herméneutique* (pp. 9-20). Le Seuil.

Hansel, G. (2008). XII. Abraham et le monothéisme. Dans : G. Hansel, *De la Bible au Talmud* (pp. 185-191). Odile Jacob.

Janzen, J. G. (1993). *Abraham and All the Families of the Earth: A Commentary on the Book of Genesis 12-50* (Vol. 1). Eerdmans Publishing.

Jean Chrysostome (1864). *Œuvres complètes.* Borde Frères.

Kierkegaard, S. (1946). *Crainte et tremblement : lyrique dialectique par Johannès de Silentio*. Aubier.

Kirsch, J. (2001). *The Woman Who Laughed*. Penguin Compass.

Labuschagne, C. J. (2000). *Numerical Secrets of the Bible: Introduction to Biblical Arithmology*. Bibal Press.

Le livre du Zohar (1925). trad. Jean de Pauly, F. Rieder et Cie.

Lefebvre, P. (2024). « Non ! Tu as ri ! » (Genèse 18, 15) : Note sur le rire dans la Bible. *Communio*, 294, 15-22.

Lessing, G.E. (1989-2001). *Werke und Briefe in zwölf Bänden*. Hrsg. von W. Barner.

Massignon, L. (1998). *Les trois prières d'Abraham*. Ed. du cerf.

Mirguet, F. (2003). Gn 21-22 : Maternité et paternité à l'épreuve. Les personnages comme clef de lecture. *Ephemerides Theologicæ Lovanienses* 79/4 (2003), p. 307-328.

Mirguet, F. (2003). Isaac et Ismaël en Gn 21,1-21. Quand l'entente (shm') suscite le rire (çhq). *Science et Esprit*, n° 55, 2003, p. 75-88.

Ndele, M. C. (2023). The Narrative Significance of the Role of Abraham in the Identity of the Visitors in Genesis 18-19. *Old Testament Essays*, 36(3), 709-735.

Ochs, V. (2005). *Sarah Laughed: Modern Lessons from the Wisdom and Stories of Biblical Women*. McGraw-Hill.

Origène (2003). *Homélies sur la Genèse*. Le Cerf.

Paillat, S. (2019). L'expérience mystique du rire, *Le Portique*, 43-44 | 2019, 291-316.

Peillon, V. (2019). D'Abram à Abraham. Dans : Peillon V., *La promesse* (pp. 87-91). Presses Universitaires de France.

Philon d'Alexandrie (1966). *De Abrahamo*. Éditions du Cerf.

Pury, A. de. (1976). La promesse patriarcale : origines, interprétations et actualisations. *Études théologiques et religieuses*, 51(3), 351–366.

Rachi (1993). *Commentaire du Pentateuque, la Genèse.* Fondation Samuel et Odette Lévy.

Remaud, M. (2010). Isaac et la foi en la résurrection des morts. *Nouvelle revue théologique*, 132, 529-542.

Römer, T (1999). Isaac et Ismaël, concurrents ou cohéritiers de la promesse ? Une lecture de Genèse 16. *Études théologiques et religieuses*, Tome 74, 1999/2. pp. 161-172

Römer, T. (2015). D'Abraham à la conquête : L'Hexateuque et l'histoire d'Israël et de Juda. *Recherches de Science Religieuse*, 103, 35-53.

Römer, T. (2023). *Genèse 11, 27-25, 18 : l'histoire d'Abraham.* Labor et fides.

Schneider, T.J. (2008). *Mothers of Promise: Women in the Book of Genesis*. Grand Rapids, MI: Baker Academic.

Schüssler Fiorenza, E. (1992). *But She Said: Feminist Practices of Biblical Interpretation*. Beacon Press.

Ségal, A. (2003). *Abraham : enquête sur un patriarche*. Bayard.

Sibony, D. (2006). 1. Abraham. Dans : D. Sibony, *Lectures bibliques* (pp. 73-93). Odile Jacob.

Sibony, D. (2010). 7. Un rire érotique : Abraham et Sarah. Dans : D. Sibony, *Les Sens du rire et de l'humour* (pp. 63-68). Odile Jacob.

Stein, D. (1985). *Lectures psychanalytiques de la Bible : l'enfant prodigue, Marie, saint Paul et les femmes*. Éditions du Cerf.

Tilliette, X. (2003). Le rire. *Études*, 398, 383-394.

Trible, P. (1973). Depatriarchalizing in Biblical Interpretation. *Journal of the American Academy of Religion*, 41(1), 30–48.

Trible, P. (1984). *Texts of Terror: Literary-Feminist Readings of Biblical Narratives*. Fortress Press.

Vanel, J. (1984). *Le Livre de Sarah*. Editions du Cerf.

Vergote, A. (1979). Psychanalyse et interprétation biblique, *Supplément au dictionnaire de la Bible*, tome IX, éd., Paris, Letouzey & Ané.

Von Rad, G. (1968). *La Genèse*. Labor et Fides.

Warren, K. (2009). Le pouvoir et la promesse de l'écoféminisme. *Multitudes*, 36, 170-176.

Weinfeld, M. (1985). Sarah and Abimelech (Genesis 20). Against the Background of an Assyrian Law and the Genesis Apocryphon, in André Caquot, et al., eds., *Mélanges bibliques et orientaux en l'honneur de M. Mathias Delcor* (Kevelaer : Vluyn, 1985), 431-436.

Wénin, A. (1996). Abram, fils de Tèrakh : Une interprétation de Genèse 11, 26-32. *Cahiers de l'Ecole des sciences philosophiques et religieuses* (20), 135-151.

Wénin, A. (1998). Abram et Saraï en Egypte (Gn 12,10-20) ou la place de Saraï dans l'élection. *Revue théologique de Louvain*, 29e année, fasc. 4, 1998. pp. 433-456.

Wénin, A. (2001). Saraï, Hagar et Abram. Une approche narrative et contextuelle de Gn 16,1-6. *Revue théologique de Louvain*, 32e année, fasc. 1, 2001. pp. 24-54.

Wénin, A. (2015). Ismaël et Isaac, ou la fraternité contrariée dans le récit de la Genèse. *Études théologiques et religieuses*, 90, 489-502.

Wénin, A. (2016). *Abraham ou L'apprentissage du dépouillement : lecture de Genèse 11,27-25,18*. Les éditions du Cerf.

Wénin, A. (2017). Abraham, Sarah et Hagar dans le récit de la Genèse. Approche narrative et interprétation. *Transversalités*, 141, 157-172.

Table des matières